厦门社科丛书·鼓浪屿历史文化系列

厦门市委宣传部　厦门市社科联　编

鼓浪屿音樂

Gulangyu Lishi Wenhua Xilie

彭一万　著

厦门大学出版社

XIAMEN UNIVERSITY PRESS

位于鼓浪屿的厦门市音乐学校（黄 橙 摄）

钢琴是鼓浪屿的灵魂（黄 橙 摄）

鼓浪屿音乐厅（周荣彬 摄）

鼓浪屿音乐

彭一万 著

鼓浪屿钢琴博物馆（林丹娅 摄）

钢琴博物馆收藏的钢琴（黄 橙 摄）

八卦楼——鼓浪屿风琴博物馆

风琴博物馆收藏的管风琴（黄 橙 摄）

鼓浪屿音乐

彭一万 著

第二届中国音乐金
钟奖暨鼓浪屿钢琴
艺术节(姚 凡 摄)

鼓浪屿钢琴节

第四届世界合唱比
赛鼓浪屿音乐厅分
会场(姚 凡 摄)

海天堂构里的南音表演（黄 橙 摄）

龙头路上的音乐晚会广告牌
（黄 橙 摄）

韩熙载夜宴图
重现菽庄花园
（黄 橙 摄）

鼓浪屿音乐

彭一万 著

天主堂

三一堂

福音堂

鼓浪屿音乐深受西方宗教影响。图为
鼓浪屿的三个教堂（黄 橙 摄）

总　序

　　"国民之魂，文以化之；国家之神，文以铸之。"文化是一个民族的根，一个民族的魂，是国家发展、民族振兴的重要支撑。当今时代，文化越来越成为民族凝聚力和创造力的重要源泉，越来越成为综合国力竞争的重要因素。

　　厦门是一个具有一定历史文化积淀的现代化港口风景旅游城市，物华天宝，人杰地灵，形成了瑰丽多姿的文化和丰富独特的文化遗产。鼓浪屿素有"海上花园"、"万国建筑博览"、"音乐之乡"，"钢琴之岛"之美誉，是国家级重点风景名胜区。在历史的发展过程中，近现代中西文化在这里汇聚融合，造就了一种既具有深厚的闽南文化传统，又具有浓厚西洋文化特色的文化形态和风格，是厦门独特的历史文化的浓缩和代表。

　　为进一步研究、保护、传承鼓浪屿历史文化，厦门市委宣传部、市社科联聘请了成长于鼓浪屿的福建省社科院原副院长、资深文史专家黄猷先生为总审稿人，联合组织专家学者精心策划、精心研究、精心编撰出版《厦门社科丛书——鼓浪屿历史文化系列》。丛书以史话、风光、建筑、音乐、宗教、原住民、公共租界、侨客、教育、学者等十个专题为主要内容，较客观准确地介绍了鼓浪屿历史文化和风土人情，充分展现了鼓浪屿深厚的文化底蕴和独特魅力，是一套系统研究鼓浪屿历史文化的史料读本和百科全书。相信《厦门社科丛书——鼓浪屿历史文化系列》的出版发行，对于传承、弘扬鼓浪屿历史文化和厦门特色文化，提升厦门市民的人文素质和城市文化软实力以及鼓浪屿申请世界非物质文化遗产都具有重要的意义和积极的作用。

中共厦门市委常委、宣传部长

2010 年 1 月

前　言

几年前，我在写作《厦门音乐名家》（厦门大学出版社 2007 年 3 月出版）一书时，发现了四个问题：一是厦门的音乐名家大都出在鼓浪屿，这是特定历史条件下的现象，鼓浪屿享有"音乐之岛"、"钢琴之乡"的盛誉，在某种意义上是当之无愧的；二是厦门本地音乐资料严重不足，有大量资料散失在外地、外国，单个事件、单个人物还算差强人意，串成史志、探究规律、归纳特色，就显得捉襟见肘了；三是厦门音乐的理论研究相对薄弱，音乐人才的培养和引进有"偏门"现象；四是鼓浪屿音乐人才大量流失到国外，一些在国内的音乐家，因为工作繁忙，也难以经常回家乡指导和表演。看来，日后要写厦门音乐史，还得下苦工夫，做更多努力。

2007 年夏天，我接到厦门市委宣传部、厦门市社科联下达的一项任务——写一本《鼓浪屿音乐》小册子。起初，我还信心满满地接受下来。待到动笔数日，整天搜索枯肠，还是词不达意。原来，鼓浪屿音乐，主要是西洋音乐，与基督教、与西方文化、与近现代中西文化交流史等的关系太密切了。而我于音乐、于基督教，都是一个门外汉。因此，除了翻阅前几年在欧、美、日、东南亚找到的一些老资料，到网上搜索并至各教会、教堂寻访牧师外，还得跑京、沪、穗、榕、厦的图书馆、档案馆和音乐学院的资料室，甚至到香港、台湾去挖资料。好在，得益于各地专家、学者的支持、指导和帮助，总算逐步将一些资料、照片拿到手。

整理了资料，梳理了思路，便制定标准、确定主题、写出大纲，求教于几位学者，才分章写来。最需要厘清的问题是：为什么西洋音乐独独能在鼓浪屿得到广泛传播并造就了一大批音乐家？近现代西洋音乐在鼓浪屿的传播有什么规律和特点？从中能得到哪些启迪？这自然必须从天时、地利、人文诸方面进行论证。有了史料，还必须忠于史料，准确分析、归纳史料，得出正确的结论。处理史料，必须注意其来龙去脉、因果关系（包括纵向与横向），力求客观、公正。这虽然是基本的常识，却是最起码的史德观念和文化良知。因此，我决心不媚俗，决不以约定俗成的观点和今人的眼光去苛待历史，而要认真考订史实，结合当时的历史背景和实际条件，解释和分析史料，辩证地进行历史评价，亮出自己的观点，尽量做到有史料、有观点，力争自成体系。

鼓浪屿原有民族音乐、地方音乐、佛教音乐、信俗音乐、戏曲音乐，并且相当普及，但进入 20 世纪后逐步衰弱。虽然一些有识之士也在积极抢救，力图恢复，但终于敌不过西洋音乐的强劲势头而成为弱势音乐。所以本书主要阐述近现代西洋音乐在鼓浪屿的传播及其影响，只将民族音乐、地方音乐等作为背景资料略为提及。然而，不可忽视的事实是，传播到鼓浪屿（乃至全中国）的西洋音乐，也在逐步民族化，与中国传统音乐相融合，形成现代新音乐的中国风格。可见，中国传统文化具有多么顽强的生命力！而鼓浪屿的现代新音乐，则具有闽南文化、海洋文化和华侨文化的多种元素。

对人对事，都必须一分为二；对于文化艺术，则必须拿起批评武器，达到理论升华。我想，我们必须负起"史责"，特别是厦门大学、集美大学都已经设置音乐院系多年，厦门有一批高水平的音乐记者和音乐研究人员，厦门市文联、市音乐家协会，可以经常举行资料征集座谈会，进行田野调查，广泛发动专家、学者、读者，集思广益，写出鼓浪屿音乐史、厦门音乐史来。这不仅对于厦门的音乐工作，而且对于福建音乐史、中国音乐史的研究都将作出自己的贡献。这样，我这本小书，就真的能成为引玉之砖了。

2009 年 11 月 2 日

鼓浪屿

目录 音乐
CONTENTS

第一章

近现代西洋音乐在鼓浪屿的传播

近代以来的 100 多年间，鼓浪屿为西方列强
侵占，曾沦为"公共租界"，成为西方文化在华传
播的重要阵地。在这种特殊的历史时空中，西洋
音乐通过各种途径，不遗余力地在这座美丽的海
岛上传播，并产生了很大的影响。

基督教的传入

1840 年的鸦片战争，列强以大炮轰开了古老中国的大门。
1842 年 8 月，中英签订《南京条约》，厦门成为五个通商口岸之
一，并于 1843 年 11 月 2 日正式开埠。

1842 年 2 月 24 日，美国传教士雅裨理牧师和文惠廉牧师乘
英舰登上鼓浪屿，并在鼓浪屿建立了归正教会。这是鸦片战争后，
第一批到中国活动的外国传教士（上海是 1843 年，宁波、定海
是 1844 年，福州是 1847 年，广州在鸦片战争前已有外国传教士，
但尚未打开局面）。此后，一系列教会在鼓浪屿建立：1842 年 6 月
美国长老会，1844 年 7 月英国伦敦公会（又名自由教会、伦敦差
会），1850 年英国长老会，1905 年美国安息日会，1922 年鼓浪屿
真耶稣教会等。

鼓浪屿三一堂

在鼓浪屿建立的教堂有：协和礼拜堂（始建于 1863 年，1911 年翻建）、福音堂（1905 年）、天主教堂（1917 年）、基督教复临安息日圣堂（1918 年）、讲道堂（1930 年）、基督徒聚会处（1930 年）、安献堂（1934 年）、三一堂（1935 年）。在这期间，美国归正教会于 1848 年在厦门建"新街礼拜堂"，号称"中华第一圣堂"。

在中国被迫向西方基督教全面开放后，外国教会投入大量人力、物力、财力在鼓浪屿创办学校、医院，设立书局，出版书报，创造"闽南白话字"，举办慈善事业等，以此招揽信徒。在 19 世纪中期，以鼓浪屿为据点进行传教活动的主要牧师，美国有：雅裨理、波罗满、罗啻、打马字、胡理教、来坦履、汲沣澜等人；英国有：施约翰、养为霖、马雅各、甘为霖、宾为霖、麦嘉温、巴克礼、仁信、杜嘉德等人。他们大部分为饱学之士，受过系统教育，富有才能，其中不乏职业的或业余的音乐家、教育家、医学家，职业精神较强。

外国传教士在厦门活动的特点是：

登陆点——鼓浪屿。1841 年 8 月 26 日，厦门被英军攻陷，鼓浪屿被英军占领了 5 年；1902 年 11 月，清政府批准《厦门鼓浪屿租界土地章程》，1903 年 5 月，鼓浪屿正式沦为"公共租界"，逐步成为"万国建筑博览岛"和"西方文明远东传播中转站"。

1842 年 2 月 24 日捷足先登的美国归正教会雅裨理牧师，1844 年接踵而至的英国伦敦公会施约翰和养为霖牧师，1850 年相继到来的英国长老会用雅各医士和宾为霖牧师，他们各自成立公会，时称"三公会"，设立于鼓浪屿。外国的传教士、领事馆人员、商人，纷纷涌入鼓浪屿。鼓浪屿成为外国传教士向闽南一带扩展势力的据点。

切入点——就学、就医、妇女解放等民生问题。教会、传教士抓住当时民众最迫切要求解决的难题，即读书、看病和妇女反抗封建压迫寻求解放的问题，一面传教，一面办学(特别是女学)、行医，用行动宣扬西方的自由、民主、平等、博爱思想。牧师雅裨理、甘为霖本身就是医生、医学博士，西医传入厦门，他俩开了先河。1874 年，麦嘉温牧师带头倡议成立中国第一个反对妇女缠足的组织"厦门戒缠足会"，提倡天足和女学、女权等社会改革新观念，第一次集会时，签名加入的妇女 40 多人，到 1891 年，就超过了 1000 人。上海在 1895 年也成立了"天足会"。1912 年，中国政府宣布废除缠足陋习，就与此有关。林语堂在《吾国与吾民》一书中指出：基督教传道士们用十字架废除了裹小脚。不少妇女摆脱闺门禁锢，接受近代教育，破除陈年陋习，逐步走向自强自立，成为中国第一代觉醒的女性，从而培养出一批女性人才。教

毓德女中 1925 年校舍

英华 1913 年扩建"同"字壳楼校舍

会学校鼓浪屿怀仁女子中学校歌就唱道："怀仁女校建设绵延，方知教育无偏。打破黑幕放出光明象，普救女界万千。挽回颓风灌输新文化，争效巾帼名贤。……怀仁女校建设绵延，女教喜得心传。励志潜修研究真学问，当知努力争先。适应潮流文明欣日进，教化赖以敷宣。……弹琴鼓箧远近欣就学，女界固宜勉旃。"

关注点——教育、学生。基督教传教士们把关注点放在教育和青少年学生身上，各教会在鼓浪屿创办的学校有：1844 年英华男塾，1844 年福音小学（1909 年与民立小学合并，改名福民小学），1858 年真道学校，1870 年毓德女学，1875 年观澜圣道学院

厦门女子中学校舍

怀仁女校旧校舍

和回澜圣道学院，1877年乌埭女学（1900年改称怀仁女学，1911年定名为怀仁女子中学），1881年澄碧中学、寻源书院（1914年改名为寻源中学），1886年田尾妇女福音院，1898年英华书院（1924年改为英华中学）、怀德幼稚园，1889年养元小学，1900年怀德幼稚师范学校，1905年美华学校，1920年教孺园，1926年闽南神学院……他们关注青少年学生，开启女性接受教育的先河；所办学校从幼稚园、小学、中学到大专，形成系统，其中又有中专和神学院。应当承认，外国教会最早在鼓浪屿兴办了真正意义上的近代新式学校。

着力点——礼仪、圣乐。基督教徒星期日在教堂举行礼拜，节日活动如圣诞节、复活节、主日学、老年团契、青年团契、女青年会等，也有仪式和圣乐。教堂十分注意以歌咏形式举行宗教仪式，有唱圣歌的唱诗班，即圣乐团，穿着规定的礼服，分成女高音、女低音、男高音、男低音四部。这些圣乐，旋律庄严，和声和谐，节奏平稳，神圣感人，所以很快就走出教堂，走进教会学校，走进居民社区。传教士们在传播基督教音乐时，确实是殚精竭虑、不遗余力的，这种音乐全方位、多角度地影响了人们的心灵。

外国教会选择鼓浪屿为据点是"独具慧眼"的。鼓浪屿是一座海中孤岛，小巧玲珑，风光旖旎，清静干净，自然条件良好，类似南欧的海岛小镇。地方不大，人口不多，自成一区，便于管理。鼓浪屿成为一个传道圣区，传教士们的确"功不可没"。他们在这里"大题小作，无中生有"，偌大的传教大业，从一座荒凉小岛起步，从无到有，从小到大；但他们又"小题大作，以一持万"，进行试点，站稳脚跟，然后逐步推广，向周边开拓，鼓浪屿终于成为闽南基督教文化中心。

作为当年中国移民社会缩影的鼓浪屿，人们比较容易接受——

一种全新的宗教；

一种全新的思想；

一种全新的教育；

一种全新的礼仪；

一种全新的音乐；

一种全新的医疗；

一种全新的生活方式。

为什么？

清末，政治上腐败衰朽，经济上国敝民穷，文化上萎缩枯竭，教育上颓败废弛，整个国家百孔千疮，危机四伏。广大人民特别是一些有识之士，几乎失望、绝望，也在观望和思考：落后的中华帝国，输给了先进的西方入侵者；资本主义社会文明是否优越于封建主义社会文明？

此时，基督教的传入，似乎让人们看到一条新路，找到一种寄托；基督教音乐的传播，让人们多了一种选择，似乎真的听到了"福音"。因应这一形势，资产阶级教育逐步取代封建教育，近代新式学堂逐渐代替传统的封建书院、学塾。特别是女学的开办，让妇女们甚至有一种从封建礼教压迫下解放了的感觉。一些居民因为子女得以上学，或得到医疗照顾治好疾病，或生活上获得救助，或因商业上的需要，或仰慕西方科学文明，接受传教而成为基督教徒。

基督教音乐的传播

西洋音乐包括宗教音乐和世俗音乐，而宗教音乐是其重要的组成部分，影响特别巨大；但有一些理论和术语，继承了古希腊和古罗马音乐。随着时间的推移、历史的演进，宗教音乐与世俗音乐互相吸收，逐渐融合。

西洋艺术音乐的历史始于基督教音乐、到了中世纪，基督教礼拜仪式音乐，以教皇格列高利命名，称为格列高利圣咏。后世音乐家们的创作，无不受其启发、影响和引导，记谱法、音乐学校的发展，也都与格列高利圣咏有关。

所以说，基督教是音乐宗教，唱歌宗教。音乐是基督教传播信仰的工具，是它的一种表达方式；教会是普及和发展音乐的推动力，牧师、传教士们在这个过程中，起着十分重要的作用。一分为二地看，基督教音乐是一种实用艺术，除了宗教功能以外，还有教育功能和娱乐功能，教导人们追求真、善、美；有些甚至没有或少有宗教色彩，是人们生活中的座右铭，有不少箴言或名句。这些音乐能愉悦人们的心灵，因而获得人们普遍的喜爱。

基督教音乐的发展，对西洋音乐的崛起起了巨大的推进作用：唱诗班的兴起，开创了西洋音乐史一个新时代，唱诗班成为西方音乐生活中最重要和最活跃的场所；五线谱的使用，和声学的发展，Do.Re.Mi 唱名法的发明，四部合唱和混声男女合唱的奠定，声乐美声唱法的奠定，管风琴的制作与发展，字母谱唱名法在亚洲的推广和应用，创作了各种形式的声乐作品，对声乐艺术的发展起了极其深远的影响。

日本著名音乐史学家属启成在其 1958 年所著的《音乐史话》一书中说："音乐由于基督教而取得了不寻常的发展。如果没有基督教，就不能想象中世纪的音乐，而今日的欧洲音乐也将会成为完全另一种面貌。……普及和发展音乐的推动力是教会，制定音乐的体制并对乐谱加以研究的正是那些教会修道士。而且也正是在教会音乐中，开创了复调音乐的形式并完成了对位法。乐谱的印刷是为了教会作弥撒用……从音乐的全部理论到记谱法，以至合唱、合奏，都是中世纪的遗产。即使说今天的交响乐和歌剧，内容是世俗的，但也不能与中世纪教会无关。"（转引自刘小枫、何光沪主编：《基督教文化评论》第 5 集，贵州人民出版社 1997 年

版，第35页）

　　为了方便一般民众识字、阅读《圣经》和吟唱圣诗，1851年，在厦门的传教士罗啻、打马字、养为霖等，共同创制了简明扼要、通俗易懂、接近口语的"白话字"，即用罗马字母略加变更，制定23个表音字母，拼合切音，并以8个声调符号，区别各音的音阶。凡是以厦门话为代表的闽南方言，均可拼成"白话字"。这种"白话字"不仅在厦门，而且在闽南、台湾乃至东南亚推行。目不识丁的人，通过1～3个月的学习，就能用"白话字"拼音、识字、书写，半年后便能应用自如，熟读圣经、圣诗了。白话字圣诗配以简谱，使基督教音乐迅速、广泛地传播。1851年，宾为霖牧师编译了《神诗合选》，收录68首赞美诗；1852年，养为霖牧师编译了《养心神诗》，收录13首赞美诗；1862年，宾为霖牧师又编译了《厦腔神诗》20首。因为他们都采用白话字，影响极大，不断再版，经后人不断增补，成为1934年基督教闽南大会编修的《闽南圣诗》（300首）底本。其影响不限于宗教信仰，还使信徒们对西洋的集体歌咏演唱方式，对西洋乐谱、乐器（以风琴、管风琴、钢琴为主）以及音乐风格等有直接的接触。许多闽南人，特别是鼓浪屿人，就依靠一本只有十来首的"白话字"圣诗，接受了西洋音乐的最初启蒙。可以说，厦门，尤其是鼓浪屿，是传教士们在中国实行汉字罗马化最早和最成功的地区，也是基督教音乐最为普及的地区。

　　为了做好推广白话字工作，也为了便于传教士们了解厦门的语言文化，利于传教布道，1853年，罗啻牧师用罗马字编印了《翻译英华厦腔语汇》，打马字牧师、宾为霖牧师则编印了白话字的《天路历程》、《路得记》；19世纪中，麦嘉温牧师编著、出版了《厦门会话指南》、《英汉厦门方言字典》，苑礼文、德波里牧师合编、出版了《厦门本地话课程》等书；1873年，杜嘉德牧师编著、出版了《厦门音汉英大辞典》；1894年，打马字牧师编著、出版了《厦门白话字典》。19世纪中叶的鼓浪屿"萃经堂"印刷作坊、1850年成立的厦门书会、1908年成立的鼓浪屿圣教书局，先后印刷发行了几百种白话字宗教书籍，远销闽南及东南亚各地。1913年7月，甘为霖牧师编著、出版了《厦门音新字典》（简称"甘字典"），共搜集了15000个单字，注音、注释均采用白话字。这种"白话字"被当代文字研究专家、语言学者推崇为世界上最易学、易记、易懂、易写的文字。

基督教音乐非常重视民间歌谣，收集了各国、各地许多民间歌曲。美国的福音圣歌，就是宗教内容的民歌，其音乐语汇接近流行音乐。教会在教堂礼仪中，使用和传播这些圣乐、小曲、赞美诗和宗教剧，来支持和促进音乐的发展。厦门和鼓浪屿的教堂、青年会礼堂、教会学校礼堂安装了风琴、钢琴，成为基督教音乐——西洋音乐的演出场所、厦门和鼓浪屿的音乐活动中心。

传教士们来到鼓浪屿，主要传播基督教音乐，偶尔也涉及世俗音乐，如声乐音乐、器乐音乐和歌剧音乐。他们十分注意将布道与唱诗结合，以收到更好的宣教效果。方言化了的圣诗，甚至采用本地民谣为歌词，套用西洋音乐小调演唱，既有异国情调，又与本地的文化背景相配合，给本地居民一种乡土感、亲切感、惊喜感，迅速地拉近了人神距离。闽南圣诗，用字浅白，通俗易懂，格律严谨，声韵顺畅，节节押韵，词句精练，内容生动，诗情真切，富有灵意，词曲交融，和谐动听，朗读有味，歌唱有力，因而深受喜爱，许多人就在教堂里学会了欣赏音乐。这可以说是中西文化的交流和碰撞，是西方文化与闽南文化的对接和融合。

传教士们的这些作为，也直接影响到海峡东岸。1872年3月12日从厦门到台湾传教的加拿大传教士马偕，于1873年在淡水创办了牛津学堂、1874年又创办了淡水女学堂。他传教布道所使用的白话字圣诗就是1874年福州美华书局出版的木刻本《养心神诗》。英国长老会传教士甘为霖于1871年从厦门赴台，主持台南

三一堂"圣城"咏唱后纪念

神学校，在台湾前后 47 年，之前、之间他都到过厦门。1900 年，他以《养心神诗》为蓝本，编印了《圣诗歌》，其中，《上帝创造天及地》《大家当看上帝圣羔》等 6 首，是厦门曲调；他还把自己编著的《厦门音新字典》也带到了台湾。

　　根据美国学者德·扬格 1992 年出版的《归正教会在中国 1842—1951》（*The Reformed Church in China* 1842—1951，By Gerald F.De Jong）记载（何丙仲先生提供译稿）：从 1846 年 1 月 5 日起，归正教会在鼓浪屿举办"中国每月音乐会"（Chinese Monthly Concert），每月的第一个星期一举办一次，性质是普世的。1855 年到鼓浪屿传教的英国牧师杜嘉德（1830—1877 年），带来了一台六角形手风琴（Concertina），不久，他又得到了一台他所喜爱的美国管风琴（American organ），他运用这些乐器教具在幼稚园、中学、职业学校教授视唱法。1878 年，英国人翟里斯所著的《鼓浪屿简史》记载，鼓浪屿一座礼拜堂，边阿兰先生担任风琴的主要弹奏者。可见，在 1878 年以前，鼓浪屿就已经有了手风琴、管风琴和风琴，并运用于宗教仪式的伴奏。1900 年到鼓浪屿传教的荷兰牧师苑礼文，向归正教会报告说："这些中国礼拜堂的唱歌，非常像我们荷兰教堂的圣诗演唱，每个人都尽其所能地唱得很好、很大声。"

1935 年建造的三一堂，其唱诗班设有歌颂团、青年诗班、少年诗班、儿童诗班，唱诗水平很高，在海内外基督教界影响颇大。1942 年，鼓浪屿英华中学音乐教师陈传达 (1919—1945 年)，应聘担任三一堂歌颂团指挥期间，竭尽全力辅导团员，进行分部练声，大大提高了歌颂团歌唱水平。他指挥训练该团演唱了基督教大型古典名曲《圣母颂》、《圣城》、《哈利路亚》等，还创作了十几首赞美诗歌，遗留至今，并流播到海外。当年的陈传达，是一位满腔热血的爱国青年，他不断以各种方式反抗日寇的统治，遭到监视迫害。为了逃脱日寇的魔掌，1945 年 6 月 8 日夜晚，他毅然从鼓浪屿后冒险泅渡内地，不幸在海中遇难。

教会、传教士除了进行直接传教外，更进行间接传教，即文化传教、教育传教、艺术传教、医务传教、福利事业传教、慈善事业传教等。其中，在教育传教方面，投入的力量最大。

陈传达先生遗像
(1919—1945)

教会学校的音乐教育

外国教会先后在鼓浪屿办了18所学校，有高初中兼办的完全中学和单纯的初级中学，有高初小兼办的完全小学和单纯的初级小学，有培养师资的中等师范学校，有专修基督教义的"福音学校"、"圣道学院"、"回澜学院"，还有专收已婚家庭妇女的"妇学"以及幼稚园。教会办学，要达到三个目的：

——传播基督教义，对学生潜移默化，使之成为教徒；

——培养华人传教士，使之成为"领袖人物"，以主导社会；

——扩大教会的社会影响，为"传播福音"开辟道路。

既然是"为宗教而教育"，教会学校当然要强制开展宗教活动，甚至列为必修课程。校内每天清晨和晚间，都有祈祷会，逢星期三中午，还有自愿的祈祷仪式。

但事物总是一分为二的。外国传教士以传教士和教育家的双重身份来到中国，对我国近代教育（包括音乐教育）的发展，起了重要的启蒙作用；教会学校引进了西方的办学模式，引进了科学教育机制，包括体育、美育、女子教育和音乐教育。所以，教会学校对我国新式教育的兴起，起了先驱性和示范性作用，客观上加速了封建文化的崩溃，促进了新式教育的发展，培养了一批新型知识分子，对厦门乃至中国社会，产生了深刻的影响。对此，我们必须以新的历史眼光加以审视：教会学校是中国近代新式教育的起源；教会学校中的音乐教育，也为中国新式学校的音乐教学提供了借鉴，并成为近代西洋音乐传入中国的重要渠道。

基督教福建教育会规定：初小学四年和高小学四年，都必须开设音乐课，实施包括基督教音乐在内的西方音乐教育。厦门所有的教会学校，从幼稚园、小学、初中到高中，都设置唱歌课，每天都有"晨唱诗"，星期天则组织学生到礼拜堂参加宗教仪式，并轮流上台演唱圣乐神曲，开展评比活动。随着时间的推移，社会的进步，教会学校由早期的唱歌课向学习合唱、器乐演奏等多种形式发展，改称"音乐课"。教学内容也由早期单一的宗教赞美诗向与非宗教音乐相结合过渡，从纯粹宗教乐理知识向包括欣赏各种中外名曲发展；传播范围也从原先只局限于基督教内和少数特定阶层，向整个社会普及，音乐教育开始呈现社会化、多元化、大众化。

进入20世纪以后，教会学校教育开始向正规的普通学校教育方向发展，全面向社会开放，吸收非教徒子女入学，音乐课程也向普通学校的音乐课程靠拢，越来越多的非宗教歌曲、乐器演奏进入音乐课堂。由于教会学校的先天条件，音乐教育具有一定的传统和基础，师资和设备都比较良好，这对其他学校是一个示范和推动。促使风琴、钢琴、管风琴等西洋乐器在鼓浪屿推广和应用的，是教堂和教会学校；鼓浪屿早期的风琴、钢琴基础教学，大部分是牧师、牧师娘、领事夫人任教的。20世纪20—30年代，奥地利驻鼓浪屿领事馆领事夫人，是一位钢琴家，原为维也纳一所音乐学院的教授，她就传授了一批学生。

请听文学大师林语堂（1895—1976年）的自白。林语堂小时候就读于鼓浪屿教会办的养元小学和寻源书院，他与鼓浪屿有着水乳交融的关系，鼓浪屿的文化氛围孕育了林语堂的文化性格，奠定了他"两脚踏东西文化，一心评宇宙文章"的思想基础。他在《林语堂自传》和《八十自叙》中，回忆了在寻

林语堂

源书院的感受："我对西洋音乐着实着了迷。我深受美国校长毕(腓力)牧师夫人(Mrs.Pitcher)的影响。……传教士女士们的女高音合唱，在我这个中国人的耳朵听来，真是印象深刻，毕生难忘。"林语堂这里的"西洋音乐"概念，与"基督教音乐"的概念是一而二、二而一的。

林语堂还回忆了他目睹的20世纪初，美国舰队访问厦门的情景：洋人铜乐队在鼓浪屿"番仔球埔"（今人民体育场），演奏欢迎曲，"他们的铜乐队真是悦

林语堂与夫人廖翠凤在波士顿

耳可听。在鼓浪屿有一个运动场，场内绿草如茵，其美为我们所从未看过的。每有战舰入（港）口，其铜乐队即被邀在此场中演奏"。

1919年，林语堂和廖翠凤就在鼓浪屿协和礼拜堂举行婚礼。1926年5月，林语堂应聘任厦门大学文科主任、教授、国学院秘书。1926年9月4日，鲁迅应林语堂之聘，到厦门大学任文科教授。林语堂请鲁迅吃夫人廖翠凤做的厦门菜，并带鲁迅到林巧稚家里，欣赏她的侄女弹钢琴（林巧稚出身于基督教家庭，她本身也是虔诚的基督教徒，被誉为"中国基督教杰出的爱国女性"）。看来，当时林语堂已将举行家庭钢琴音乐会，视为款待贵宾之道。

我国著名教育家、园艺学家李来荣（1908—1992年）教授，曾经亲自对我忆及他5岁时（1912年）在怀德幼稚园学习的情况。这所由英国牧师夫人韦爱莉创办的幼稚园，最吸引孩子们的是有趣的游戏和唱歌。歌词是老师自编的，套用欧美古典名歌的曲子，

用厦门话演唱：

　　早起起来铺床铺，

　　洗脸洗手穿衫裤……

另一首用《铃儿响叮当》曲调唱厦门方言歌：

　　若要去厦门，

　　抑是去较远，

　　定着着用划船仔，

　　若无走不到……

《怀德幼稚园毕业歌》也是老师编歌词，套用西洋民歌的曲调，用厦门话演唱：

　　快乐美丽的夏天，

　　是阮的毕业期，

　　阮要离开母校去，

　　实在不甘相离。

　　想起初来入学时，

　　爱哭搁流鼻，

　　总是先生无受气

　　温纯礼教示

　　……

此外，还有《我是真细汉》、《大步姆礼跳》等等。孩子们唱歌的时候，老师用钢琴伴奏，增加了乐趣，也让孩子们从小就受到音乐的熏陶。可见，1912年以前，鼓浪屿就有了钢琴，并用来作为教具。

　　两年后，李来荣上了鼓浪

李来荣先生遗像（1908—1992）

养元小学。他回忆道："养元小学是教会学校。早上第一节课是上礼堂做礼拜，听讲道，读圣经，然后做早操，接下去才是正课。……读完圣经，接下去就是唱圣歌。圣歌很和谐，很好听，我很喜欢唱，也是一种音乐享受，驱逐了一切不快。"

出生于台湾的我国著名作曲家、音乐教育家江文也（1910—1983年），1914—1923年随家人移居厦门10年，5岁时就常常到附近教堂，趴在窗口跟着大人唱圣诗，教堂牧师发现，这个孩子歌喉动人。作为旭瀛书院（鼓浪屿分院）第8期的学生，他在读书时，住在鼓浪屿三伯父家中，不但学习到西方传来的科学知识，还有机会接触到钢琴、风琴、小提琴等西洋乐器和五线谱等音乐知识。江文也从小就有"少年诗人"的雅号，他不但能用日文写诗，还能用闽南、闽中、闽北的各种腔调，演唱《天黑黑》等民间小调。就这样，促使他走上了音乐之路。他既关注基督教音乐，又注意收集厦门民歌童谣，例如，他整理、改编了闽南语歌曲《中秋团圆歌》：

八月十五是中秋，

家家户户饮月酒，

月娘圆又圆，

月饼甜又甜，

先敬公仔一杯酒，

搁敬阿嬷一朵花，

家内大小笑微微，

月娘看着真欢喜。

1935年，他在东京，就创作了"三首钢琴曲之一"《厦门民歌钢琴小品》。1946年，江文也凭着对基督教音乐的熟悉，创作了中国风格的《圣咏作曲集》等4部宗教音乐作品。他在《写于〈圣咏作曲集〉（第一卷）完成后》一文中写道："我知道中国音乐有不少缺点，同时也是为了这些缺点，使我更爱惜中国音乐；我宁可

江文也先生遗像（1910—1983）

否定我过去半生所追求的那精密的西欧音乐理论，来保持这宝贵的缺点，来再创造这宝贵的缺点。"我深爱中国音乐的'传统'……"他就是这样坚持对"中国风格"的追求，执著地探索与欧洲各种派别不同的韵味。所以李岚清先生称赞他是"探索中国风格新音乐创作的先驱者"。（见李岚清著《中国近现代音乐笔谈》，高等教育出版社2009年3月出版）

德·扬格在其所著的《归正教会在中国1842—1951》（何丙仲译稿）第三章"教育的发展（1900—1937）"中，记述了20世纪初期西洋音乐在鼓浪屿传播的经过，他写道："音乐也成了一项受人欢迎的课外活动，并且时常作为独特的手段为奉献福音启示服务。"作者举毓德女中为例：1926年，一场由33名学生和一支小乐队伴奏表演的合唱《明亮的星》，对中国公众乃是一场完全新的冒险尝试。演出过程中，其中一座礼拜堂，连走廊、窗户和进口处都挤满了人。受到学校流行弦乐队的启发，寻源书院那位1923—1926年在华做事的教员乔治·科思牧师，组织了一支有20件乐器的乐队，很快就有许多人，要求这支乐队到各个礼拜堂的聚会和城市公园的音乐会演奏。一场为中国人表演的别具一格的文娱节目献演于1921年圣诞音乐会上。其中有一个由厦门毓德女中20名少女和寻源书院15名少年组成的混声合唱。书中特别提到："20世纪30年代中期，（毓德）女子中学的课程设计，对小学音乐教师和礼拜堂合唱队指挥的培养相当用心。"

　　这时，鼓浪屿开始出现流行音乐，吉他也相当普及，西洋乐队走街串巷，都在传播西洋音乐。看来，20世纪初期，鼓浪屿教会学校的西洋音乐活动，已经向社会蔓延开来了，而且，不仅有唱歌，有音乐会，还有管弦乐队，更注意对师资的培养。30年代，国民党军委军乐队来这里举行音乐会，这可以说是当局在推进西洋音乐的传播。1933年，我国著名作曲家黄自创作了爱国歌曲《旗正飘飘》，在全国广泛流行，1934年，这悲壮激越的歌声，就在鼓浪屿福音堂唱响了。

　　正是在这种氛围下，鼓浪屿陆续涌现出一批基督教音乐家庭，一批音乐人才也脱颖而出，如音乐教育家周淑安、李嘉禄、王政声，钢琴家林全诚、洪永明、朱思明，盲人女钢琴家蔡丽霞，大提琴家廖永廉，小提琴家林克恭、储耀武，中提琴家龚鼎铭，小号演奏家方连生，男中音歌唱家林俊卿，女高音歌唱家颜宝玲、杨心斐等。他们的成长、成就、成名，几乎与教会、教堂、教会学校乃至基督教家庭密不可分。

　　英国牧师娘敏戈登夫人是一位钢琴家、声乐家，于1917年随夫君定居于鼓浪屿。她一直在鼓浪屿指导音乐活动，或收学生传授钢琴、声乐艺术，或为演唱伴奏，

1952年任教于厦门大学的韩振华，在鼓浪屿举行舒伯特歌曲演唱会，钢琴伴奏洪永明。

或组织合唱团进行演出，并帮助毓德女学的乐队使用中西乐器。她的钢琴学生有李嘉禄、朱思明、许恬如等，声乐学生有颜宝玲等。与此同时，俄国钢琴家武多仁夫人经常举办音乐会，率学生登台表演。1938年初，日寇不断骚扰厦门，群众掀起抗日救亡运动高潮。应当时厦门基督教团体"国难救济联合会"会长丁锡荣之请，武多仁夫人于2月2日，在怀仁女学（现人民小学）思倪堂举办一场义演音乐会，200多人出席。这是基督教音乐——西洋音乐广泛向社会渗透和推广的例证。

鼓浪屿是教会、教堂、传教士、基督教徒、教会学校最为密集的地方，在福建，在中国，具有典型性、代表性和标志性。得此风气之先，以鼓浪屿为代表的厦门近现代音乐教育走在全国前列。以校歌为例，20世纪初期，鼓浪屿就诞生了《英华中学校歌》（沈省愚词）、《毓德女中校歌》（沈享九词）、《怀仁女中校歌》（失名词）等，各个年段或班级，还有师生们自己编词、作曲的"社歌"。略举数首。

英华中学校歌（歌词）　　沈省愚

乐群敬业，荟此良才，专诚尽智，着意培栽，英华，勉哉英华！

信不厌不倦，有心哉，英雄胜迹剩此荒台，狂澜谁挽，慷慨予怀！

驼峰雄耸，鹭海展开，山明水阔，学子胸怀，英华，勉哉英华！

要高瞻远瞩，逾骀骒，登高自卑学问无涯，诚唯敬一，智从学来。

当今之世，敢不勉哉？英华！当今之世，敢不勉哉，英华！

毓德女中校歌（歌词） 沈享九

蔚蓝之天，朗耀之星！是为我校之旌。
看他矗空高展飞腾，色彩何其鲜明。
振我士气作我先声，导我奋进前程。
化及三千，光被四表，与天日分并行。

天地一诚，圣贤一诚，学问由诚而明。
以身作则吐辞为经，唯无伪分万能。
兰花素分梅花则清，方吾洁抱莹莹。
昆山之玉，寒河之冰，唯洁白分莫名。

游钦自由，平等博爱，乃基督之精神。
入世出世拯救万民，大地咸与维新。
阳春有脚教敷八闽，岂但邹鲁海滨。
德智体群，四育并臻，陶成巾帼完人。

1928年英华中学30周年校庆歌词

三十年来，曾经历多少风霜，
疾风劲草，雄姿毕竟堂皇。
高明耿介，巍巍盛德无所伤，
东风有意，吹成满树琳琅。
今夕何夕，聚多少当日儿郎，
高灯笑语，踊跃于母亲旁。
高歌觞酌，伟哉三十载之光，
万岁无疆，万岁万岁无疆！

鼓浪屿西洋音乐传播的途径

　　鼓浪屿的西洋音乐，起始于19世纪中，勃兴于19世纪末，盛行于20世纪初，走过了一条教堂音乐—学校音乐—家庭音乐—社会音乐的道路，培养了一代又一代音乐人才。

1．鼓浪屿西洋音乐传播的条件

　　自然方面——人类社会与自然环境始终处于相互作用之中，人类能够形成与地理条件相适应的特定的心理结构和精神现象。地理条件对文化的影响是潜滋暗长的，鼓浪屿人伴海而居，海的灵动与深邃，培养了鼓浪屿人柔情、浪漫、遐想的秉性。鼓浪屿四面环海，风光秀丽，空气清新，气候良好，气氛安详，自然环境优美，四季绿树繁花，处处可以赋诗，景景可以入画，天风，海涛，鼓浪，鸟鸣，都是"天籁之音"，富有底蕴和灵气，塑就了鼓浪屿的艺术氛围。连日光寺的楹联都写道："浪击龙宫鼓，风敲梵刹钟。"美妙的基督教音乐——西洋音乐，与美丽的海岛风光、美观的人居环境相融合，美化了人们的生活，在这种环境中的人们，对音乐的感受力、理解力比较强，造就了很多富有诗意的音乐家。

　　隔着600米的美丽鹭江，鼓浪屿与厦门港相望。厦门港是良好的天然渔港、商港、军港，早年与海内外各口岸都有经常性的往来，生活在这里的人们，比较容易接触和吸纳物质和精神的"舶来品"。

　　且举一例。清宣统二年（1910年）9月17日，美国商会代表团一行42人乘船访问厦门。在欢迎会上，厦门紫阳学堂、吉祥学堂学生演唱学堂歌：

　　五大部洲黄白种，商战君民重；

　　东西各国人杰众，知识多争雄。

群推欧美实业尚，民富国丰隆；

航海商团游亚东，联络商情融。

官绅商学出欢迎，鹭门山岳动；

快哉快哉快快哉，维新气象宏！

请注意，这是一个环游东亚的美国航海商团，目的是进行"商战"，当时就选中了厦门港。紫阳学堂是创办于清康熙年间的紫阳书院，至此已有 200 多年历史，1905 年废除科举、兴办新式学校后，改为学堂。他们迅速接受新事物，赶上新潮流，创作并演唱起学堂歌来了，这在全国也是比较早的了，让美国商团的成员们耳目一新。而在这之前的 1908 年 10 月 30 日，美国舰队访问厦门港，14 岁的中学生周淑安用英语领唱美国国歌。这让我们看到，天然良港、通商口岸及其维新气象，对中外经济乃至文化交往，起了推动作用。

历史方面——鼓浪屿在历史上早就有民族音乐、地方音乐和戏曲流行。清乾隆年间，鼓浪屿日光岩常有演剧活动，诗人倪邦良调寄满庭芳《鼓浪洞天》词曰："风清夜，仙宫月满，歌吹遍雕栏。"这些"歌吹"，应该是南音、锦歌、民谣、佛教寺院和妈祖、保生大帝宫庙乃至宗祠的佛教音乐、民俗音乐和戏曲音乐，挟金风玉露，乘长空明月，翩翩而来。清道光十九年（1839 年）《厦门志·关赋略》记载，当年从厦门港进出口商品的"关税科责"，其"乐器"一项，列有琵琶、三弦、月琴、胡琴、洋琴、笙、大小鼓、大小木鱼、七弦琴、竹笛等。这些乐器大部分是民族乐器，小部分为西洋乐器。

1894 年甲午战争之后，台湾沦日，一大批不愿做日本臣民的志士仁人，相继内渡。当时，到厦门的台湾诗人或到过台湾的闽南诗人，大都云集鼓浪屿，他们受到林尔嘉的礼遇和保护。这里的环境相对比较安定、宽松，又有爱国爱乡的林尔嘉接待他们，便于诗人们发泄悲愤、慰藉心灵；这里有各主要国家领事馆，厦门港又是赴台、放洋的枢纽港，便于签证外出、见机行事。鼓浪屿与台湾的密切关系、郑成功遗址众多，成为他们凭吊、吟咏的对象，也是借题发挥的好素材。相对于对日本人的怀恨，他们对西洋文化还比较乐于接受。

南音或称南乐、南曲，早年在鼓浪屿盛行。著名南曲大师林霁秋（1869—1943 年）就曾在鼓浪屿居住和活动过，他以毕生心血，收集、整理南曲曲谱，最终出版了巨著《泉南指谱重编》。20 世纪初，菲律宾华侨蔡浅，在鼓浪屿灌制南曲唱片，行销东南亚乃至西欧。英国一个音乐团体因而慕名到厦门搜集南音资料、聆听演奏，回国后著文介绍，赞誉南音为"东方音乐之花"。1936 年，毓德女中校长邵庆元在学校里成立了"南音研究会"，聘请许启章任教师，指导学生学习南曲，开创了厦门女学生学习南曲的先河 。

人类社会的演替，此时到了一个转折点。封建社会被半封建、半殖民地社会所代替，鼓浪屿出现了新的商人阶层、知识阶层乃至买办阶层，他们要求新的文化艺术形态，如西洋音乐、西洋绘画、西洋电影等，以代替原有的被市民阶层所喜闻乐见的南曲、歌仔、戏曲等。因而，前者不断强劲，后者逐渐削弱。

1903 年，鼓浪屿成为"公共租界"后，非营业性的外国人俱乐部和营业性的舞厅星罗棋布，如万国俱乐部、海关洋员俱乐部、大和俱乐部等以及黑猫舞场、大都会舞场、大华舞场等，这些娱乐场所播放的都是西洋乐曲和舞曲，这对西洋音乐的传播起了推波助澜的作用。

从 1926 年起，鼓浪屿在 2～3 年间，建成了鹭江戏院、延平戏院和屿光戏院，以放映电影为主，兼演戏曲。1929 年，电影由无声进入有声的新时代，催生了电影音乐，包括背景音乐、主题歌、插曲等，电影与音乐巧妙结合，相得益彰，为流行音乐增添了一片成长的新天地。鼓浪屿戏院以放映外国影片为主，"万国俱乐部"举行西洋舞会，一切对西洋音乐的传播，自然起了促进作用。代代相因，点滴累集，积淀成鼓浪屿特定的音乐文化。

人文方面——鼓浪屿这个土地不到 2 平方公里、人口不满 2 万、与世相对"隔绝"的弹丸小岛，却有许多项"多"：在几十年间，建起了 1000 多座欧式建筑物，俨然是一座欧洲南部小城镇，而建筑是凝固的旋律；聚集了这么多教会、教堂、教会学校、洋行、16 个国家领事馆；居住了这么多外国人、华侨、商家、中产阶层，基督教徒多，受教育者多，文化程度高者多，有条件购买乐器者多。外国人和华侨，出入境频繁，形态各异的民俗风情、文化艺术，在这里互相渗透、交融，使鼓浪屿文化深深打下宗教文化和海洋文化的烙印。加上这里的经济水平、居住条件、生活状况、社会环境相对优越安定，到处荡漾着琴声、歌声，便于人们欣赏、学习、理解音乐。不少家长发现孩子爱上音乐后，情绪就比较健康，待人接物比较优雅得体，比较不会发生过激行为。因此，家长们都鼓励、支持孩子们接触音乐、学习音乐。同时，有不少近现代文化名人曾在这里居住、生活，如林语堂、林文庆、林巧稚、林尔嘉、马约翰、卢戆章、弘一法师等，他们也促进了西洋音乐在鼓浪屿的传播。

1912 年冬，诗人、剧作家李维修（1887～1940 年）与若干志同道合的人士，在鼓浪屿洋墓口（今龙头路、晃岩路与福建路之间）组建"厦门文明剧社"，全团 30 多人，以演出文明戏即话剧、宣传革命及天下大事、启发民智为己任；李维修写了不少剧本，并亲自为无声电影配音解说。同时，他们在鼓浪屿龙头路举办阅报所。不久，剧社改名"鼓浪屿新剧社"，并建立国乐队，为演出伴奏。剧社开了女教师、女学生参加活动扮演女角的先河。他们在鼓浪屿青年会公演《亡国镜》，内容是犹太民众不愿当亡国奴、奋起抗争的故事。这惹恼了鼓浪屿殖民当局，剧社及阅报所均被查封。五四运动后，剧社重组为"厦鼓新剧社"，在鼓浪屿鹭江戏院、厦门中华茶园、天仙茶园演出，1922 年初到漳州公演 3

天，并以军乐队伴奏，制造声势，获得很大成功。1922 年 4 月 1 日，李维修等以此为基础，成立了厦门通俗教育社。新剧的演出，对西洋音乐的传播不无助益。

1913 年，林尔嘉建造了菽庄花园，同时购进一台钢琴。菽庄花园虽然以江南园林为蓝本，但具有不少西洋因素，如使用钢筋水泥、地面和墙面花砖、电灯电器等。1914 年，林尔嘉成立菽庄吟社，随后又成立菽庄钟社，吟侣 300 多人，包括厦门、闽南及台湾的饱学之士；后来吟侣发展到近千人，范围遍及福建、湖南、江苏、浙江等省，活动时间长达 31 年，菽庄花园真的成为"文士园"、"诗人园"。爱诗如命的林尔嘉为盟主，他曾游历西欧、日本、中东等地，并用诗歌描写瑞士风光。一些吟侣也有赴台、留洋经历。诗社向全国征诗，入选者有多位女性；出版了多部诗集，在海峡两岸及东南亚颇有影响。

西方美学观念促进了西洋音乐的传播。20 世纪 20—30 年代，经常在厦门、鼓浪屿活动的一批画家，大都有留学经历（特别是留法、日和菲律宾），他们已经将西方新画派（印象主义、后印象主义和表现主义）的理念和技法，融入到创作之中，出现了家庭式的艺术沙龙及创作群体，经常举办美术展览，进行学术交流；家庭音乐沙龙与美术沙龙结合，美术展览会与音乐会并举，有的美展就直接在俱乐部举办，人们边跳舞、边听曲、边欣赏美术作品。参加者有本地、本国（包括台湾）的美术家，如，林克恭、周廷旭、杨赓堂、黄燧弼、林学大、谢投八、周碧初、郭应麟、张万传、龚鼎铭、许声基、龚植、吴大一、王逸云、叶永年和黄连登等，他们创作了一批鼓浪屿题材的作品。鼓浪屿的艺术氛围也吸引了东南亚和日本等地的著名美术家加入，一起崇尚油画、水彩画的研究和创作。艺术有其共通性和互补性，鼓浪屿的西洋建筑、西洋电影、西洋绘画、西洋音乐、此时都紧密结合，相辅相成、相得益彰。林克恭就是一位"一手拿画笔，一手提琴弓"的艺术家,他的家就是综合性的艺术沙龙,既有钢琴、提琴,也有绘画、雕塑,更是新式舞厅、音乐厅。1936 年他担任厦门美专校长时,学校就附设了音乐专修科。

由于天时、地利、人和条件皆备,20 世纪前期,小小鼓浪屿就成为教育岛、音乐岛、戏剧岛、绘画岛、园林岛、洋楼岛、电气岛、娱乐岛、足球岛。文化不仅附着在人身上,也附着于特定的空间环境,包括建筑、街道格局等,并影响到人们的心灵、行为方式、生活习惯等。这对西洋音乐的传播和后来的发展,创造了环境氛围。这是其他地方难以企及、无法复制、不可克隆的。

1934 年出生于鼓浪屿、现在香港行医的翁忠展博士回忆道:"音乐是每一个人,无论男女老幼贵贱的精神米粮,能治疗精神和肉体的苦闷和疾病。鼓岛上的人,无论中外贫富、士夫赤子,绝大多数从小就喜爱音乐、习音乐、玩音乐、也享受音乐,作者自小迄今仍乐此不疲。"(见其所著《我在鼓浪屿和厦门的日子》一书,香港利通图书有限公司发行,2002 年 6 月出版)退休多年的四川音乐学院白建修教授,是一位老鼓浪屿人,他认为鼓浪屿人走上音乐之路,很大成分是得益于基督教音乐的影响,他说:"小时候的唱诗班,对我一生的影响是很大的。"

这种特殊的自然环境、人文环境和社会环境,造就了鼓浪屿人从小就与音乐结下了不解之缘,艺术素养、审美眼光具有独到之处,在家居装修、衣着服饰、言谈举止、待人接物诸方面,形成特有的气度,即乐观自信,温文尔雅,恬静和蔼,循规蹈矩。于是,具有音乐天赋的人,就容易脱颖而出。鼓浪屿成为音乐之岛、钢琴之乡、音乐家摇篮,也就顺理成章的了。

2. 鼓浪屿西洋音乐传播的三个阶段

在鸦片战争以后的近百年间,鼓浪屿基督教音乐——西洋音乐的发展，大致分为三个阶段：

第一阶段——19世纪中，启蒙性灌输和被动性接受阶段。美国、英国主要教会都于1842—1850年间，在鼓浪屿设立传教机构，并开展了富有成效的工作，西洋音乐的主体部分基督教音乐的传播在这时起步。国人听到耳目一新的音乐，新颖奇妙的音响，接着又看到精巧绝伦的西洋乐器，便以猎奇心态被动接受基督教音乐——西洋音乐，而字母谱和白话字圣诗，则成为启蒙教材。

第二阶段——19世纪末，规约性灌输和认同性接受阶段。鼓浪屿主要的教会学校，大都在19世纪70—90年代开办，这推动了基督教音乐——西洋音乐在鼓浪屿的勃兴。教会学校的音乐课，主要内容有乐理、赞美诗、合唱和乐器等，师生参加唱诗班、圣诞节等节日音乐会，已经常态化。国人对基督教音乐——西洋音乐的求知欲转化为认同感，认为这是人类文明的组成部分，是一种共同的文化遗产。家长对孩子参加此类活动大多给予支持。

第三阶段——20世纪初，普遍性灌输和主动性接受阶段。20世纪初，新式学校崛起，中国人创办的学校也开设音乐课，唱学堂歌；20—30年代，基督教音乐——西洋音乐在鼓浪屿盛行，用西洋近代作曲手法创作的校歌频频问世，并出现合唱团和管弦乐队。在引进了风琴、管风琴之后，又引进了钢琴、口琴、大小提琴、小号、大小洋鼓、军乐器和手摇式留声机等乐器。鼓浪屿最早的一批音乐家庭开始出现，菽庄花园主人林尔嘉于1913年购进了属于中国人的第一台私人钢琴，不久，苏美珠等人也纷纷购买钢琴，苏美珠的钢琴于1919年转卖给钢琴家洪永明。鼓浪屿首批学习西洋音乐的人，更是身体力行，主动远离家乡到外地、外国学习、深造，并在学成后回乡举办西洋音乐会。西洋音乐关于和声、复调、乐器和记谱法的科学体系，已被引进和吸收，成为新文化运动中"洋为中用"的一部分。许多家长主动为孩子学习西洋音乐和乐器创造条件。

3．鼓浪屿西洋音乐传播的特点

（1）**重欣赏，轻创作**——传教士主要传播宗教音乐，偶尔也介绍一些西洋音乐中的歌曲小品，包括一些初级钢琴作品。国人则忙于吸收、学习，谈不上创作。直至 20 世纪初，才有厦门话童谣配上西洋小调的歌曲出现，1925 年，周淑安谱写厦门话童谣《安眠歌》，20—30 年代，教会学校创作了一批校歌，1942 年，陈传达创作了十几首赞美诗。但这些创作活动后来没有进一步发展和提升，因而未能出现较多的原创性音乐精品。直面舞台，呈现表演强、创作弱的态势。

（2）**重实用，轻研究**——当时在鼓浪屿传播的基督教音乐——西洋音乐，着重于实用活动，如举行宗教仪式，举办节庆活动，学生开展课外活动，或自娱自乐的家庭音乐会，某些招待性或商业性的艺术活动，没有进行研究工作。对于"圣乐神曲"，似乎只有顶礼膜拜的份儿，没有说三道四的权利。当年报刊上只有某些活动的消息报道，不见经验总结、调研报告、评论文章，这就难以从感性升华为理性、从普及发展到提高阶段。这与当时主事者不重视研究工作、国人艺术理论水平不高、学术难度较大很有关系。直面学术，呈现实践强、理论弱的态势。

（3）**重普及，轻提高**——当时鼓浪屿没有专门的音乐学校和研究机构，没有专业的音乐演出团体和专业的音乐刊物，没有音乐大师或音乐学家，主事者只能为音乐爱好者提供一些基础知识，属于普及型而非提高型。传教士们在鼓浪屿布道，也无法负起提高、研究、创作之责，这就充分显示出"殖民色彩＋文化入侵"的特征。即使 1921 年厦门大学开办，也没有音乐系科。提高，着重个人的努力，而当时根本不存在提高的客观条件，一些人的主观努力也不够，因此，相当一个时期，只能在普及方面做工作，很难提升和超越。直面活动，呈现普及强、提高弱的态势。

上述情况，形成鼓浪屿西洋音乐的格局为：在音乐家当中，演唱家、演奏家、活动家多，作曲家、评论家、学问家少；鼓浪屿只是音乐家的摇篮和苗圃，而不是音乐家的圣殿和园地。从19世纪中到20世纪中的近百年间，对鼓浪屿西洋音乐的探索和研究几乎是空白的，乐器的研制是阙如的，歌曲创作也不多。后来所出现的一些有关鼓浪屿的歌曲、交响乐作品，大都出自外地作词家、作曲家之手。

　　这种情况不能不引起我们的反思。从外因上说，基督教音乐是一种实用艺术，传教士们用它来传教布道，更突出其实用主义；加上厦门偏居东南一隅，远离政治、经济、文化中心，当时交通不便，难以获得信息和进行交流；鼓浪屿的小岛地位，也局限了自身拓展的空间。从内因上说，中国社会传统凝重，思维方式比较守旧，缺乏理性追求，而重于实际应用，这一点，正与传教士们的意图"不谋而合"。我们未能从基督教音乐——西洋音乐传播到鼓浪屿的过程中，探索规律，追根溯源，梳理历史脉络，寻求文化答案。也就是说，仅仅学以致用，而未能学以求理。加上厦门历史较短，文化底蕴远远不如其他一些历史悠久的地区，所以，未能出现从理论高度评述鼓浪屿西洋音乐艺术的著作，并用来指导创作和表演实践。真正原创性的精品，除了深入社会生活外，还需要艺术家发掘作品的思想深度，展开艺术创作的想象力。单纯一些普及性、仪式性的活动，无法担当此等重任。

第二章

鼓浪屿音乐名人

据不完全统计，在鼓浪屿出生、生活、学习、工作过的人，有200多人在我国省级以上艺术团体和院校或国外艺术院校和有关组织从事音乐或音乐教育工作。兹介绍其中在国际上具有较大影响、对鼓浪屿音乐作出重大贡献的一部分音乐家。

1. 音乐教育家、合唱指挥家周淑安

周淑安（1894—1974年）是我国现代音乐事业的先驱者，是中国现代第一位专业声乐教育家，第一位女合唱指挥家、作曲家。

周淑安是鼓浪屿基督教牧师周之德之女。她是幼女，二哥周辨明博士是著名的语言学家，曾任厦门大学教务长兼文学院院长。

周淑安在孩童时代就显露了音乐天赋。1907年，她考入鼓浪屿女子师范学校。1908年10月30日，美国舰队访问厦门一周，清政府在南普陀寺前的演武场，举行盛大的欢迎招待会，14岁的周淑安在会上用英语领唱美国国歌，大受美国舰队司令额墨利的赞赏，他说："就是美国小孩，也很少能唱得这么好！"毕业后，

她被留校任教。为了进一步求学，她于 1912 年前往上海中西女塾读书。这所学校是美国传教士林乐知于 1890 年创办的，其办学宗旨的第二项就是"介绍西洋音乐"，因而设置音乐（琴学）课，其目的"在使（学生）谙习歌谱，以养温和之德性、高洁之情操。"1914 年，听说清华学校招考第一届公费留学生，周淑安便与高年级学生一起去应考，成绩优异，成为我国第一批 10 名公费留美女学生之一。

1914 年夏，周淑安抵达美国，先入预科学英文，1 年后考入哈佛大学拉德克里夫女子学院，主修音乐、美术、语言，1919 年毕业，获哈佛大学文学士学位。她同时还在波士顿新英格兰音乐学院进修声乐、钢琴和视唱练习课程。1917—1919 年间，每逢暑假，她便到康奈尔大学办的音乐师范学院学习音乐教授法、合唱指挥和作曲理论。1919—1920 年，她又到纽约音乐学院进修声乐，并在哥伦比亚大学选修社会工作课程。1920 年秋天，她回到上海，与留美的我国第一位公共卫生专家、漳州人胡宣明博士结婚，后随夫到广州，任广东女子

周淑安

师范学校音乐教员。1923—1925 年周淑安在上海师从俄罗斯歌剧演唱家进修声乐，并在中西女塾任音乐教员。1925—1927 年，周淑安回到故乡，任厦门大学音乐研究员兼合唱指挥，成为厦门大学历史上最早的音乐教师。1927 年秋，她带着 4 岁的儿子胡伯亮赴美，与再度留美的丈夫团聚，并在著名的巴尔的摩碧宝第音乐学院，师从意大利著名声乐家、声乐系系主任米涅蒂教授进修声乐。1 年后，一家三口回到上海，胡宣明在上海医学院任教授，周淑安在家中私人教授音乐，并兼任母校中西女塾音乐教员。她是我国最早到国外学习传统意大利美声唱法的声乐教育家、女高音歌唱家。

1927 年，著名的音乐教育家萧友梅（1884—1940 年）在上海创办了我国第一所音乐院——国立音乐院（后改名为上海国立音专，即现在的上海音乐学院）。1928 年，周淑安受聘为声乐组（相当于系）主任。当时，其他各组主任都是外国人。周淑安除了教声乐主科外，还担任合唱指挥和视唱练耳，举办音乐会时，还给学生做钢琴伴奏。

周淑安敬业乐群，爱生如子，因材施教，循循善诱，造就了大批人才。可以说，周淑安与萧友梅、黄自（1904—1938 年）等一批音乐家，共同缔造了中国第一所高等音乐学府——上海音乐学院，为它的发展壮大奠定了坚实的基础。

"九一八"事变，国难当头，周淑安与其他爱国者一样，用音乐创作和演出来表达自己的爱国之情。周淑安还创作了大量艺术歌曲，特别是儿童歌曲。1932 年，中华慈幼协会以五线谱印行了她的《儿童歌曲集》，收录了配钢琴伴奏的歌曲 54 首，这在 30 年代的中国，是一本难得的、有分量的儿童歌曲专集。1935 年，列为上海国立音专学校丛书的《抒情歌曲》《恋歌集》，各收录了她创作的 6 首配钢琴伴奏谱的歌曲，由商务印书馆在上海出版。对于发展中国合唱艺术，她倾注了全部热情和心血，并将一些中国民歌编成四部合唱，亲自指挥学生们演唱。

她一直致力于西洋音乐在我国的推广工作，将欧洲传统的歌唱方法介绍到中国来；又注意从本土文化吸取营养，创作了一批中国人喜闻乐见的现代歌曲。例如，她根据厦门、鼓浪屿特有的佛教吟诵式音乐，以西洋音乐的形式，创作了一部《佛曲》，在民间颇为流行。她创作的摇篮曲《安眠歌》，词用厦门家喻户晓的方言童谣："悟悟恬，一暝大一寸；悟悟惜，一暝大一尺。"两句词，反复唱8遍。这是中西文化的碰撞和交融在音乐上的体现。厦门大学音乐系周畅教授评论道："这可以说是我国第一首花腔歌曲，配上很单纯的钢琴伴奏（右手基本上和歌曲旋律一致，左手基本上分解和弦音），用近代作曲手法去发挥民谣，这基本上是'国民乐派'的做法。"

1956年，沈阳音乐学院聘请留学加拿大皇家音乐学院钢琴系的胡伯亮为钢琴系教授，胡伯亮遵从父母心愿，回国参加建设事业。沈阳音乐学院久慕周淑安的大名，又经过她的学生、中国音乐家协会主席吕骥的介绍、推荐，李劫夫院长于1959年聘请周淑安到该院任教授，那时她已65岁。她上任后，工作热情和干劲，都不输给年轻人。她的教学质量既高，要求又严，学生进步快、收效大。她受到普遍的尊敬和爱戴，被视为良师益友。她当选为辽宁省政协委员，1960年赴北京参加全国第三届文代会，会见了许多新朋旧友，心情十分愉快。

1965年，胡宣明因脑溢血病逝。第二年，文化大革命爆发，周淑安一家也受尽了折磨。

1973年，周淑安的老朋友、著名美籍华人学者赵元任先生特地到上海探望她。赵元任先生说："我这次回国，虽有各界的热情招待和周恩来总理的亲自接见，但整个旅程的顶峰，却是与周淑安的会面。"

1974年1月5日，周淑安逝世。

she培养了那么多杰出的歌唱家、音乐家，建国前后著名的中国声乐界四大名旦，就有3人是她的学生——喻宜萱、张权、郎毓秀；中国音乐家协会两任主席吕骥、李焕之以及著名音乐家胡然、孙德志、洪达琦、劳景贤、唐荣枚、陈玠、江桦等，均曾就学于她的门下。她的品格，她的学识，她的事业，她的风范，在她的一代代学生中延续，薪传，发扬光大……

周淑安的骨灰被安放在上海龙华烈士公墓。

2000年9月15日，周淑安的儿子胡伯亮（1923—）教授回到鼓浪屿，应邀为厦门大学艺术教育学院的师生们讲学。这位享誉世界的音乐家，5岁随母亲学习钢琴，10岁就公开演出。1948年，他考进加拿大多伦多皇家音乐学院，毕业后留校任教。1956年，应沈阳音乐学院院长李劫夫之聘，回国任教，为新中国培养了一大批杰出的音乐人才。"文革"中，他受到不公正的待遇和残酷迫害，于1974年到美国定居，潜心从事音乐教育和研究工作。不论是钢琴演奏技术或钢琴教学发展史的研究，胡伯亮均有独到的见解和地位；他在音乐创作中，努力探求钢琴艺术的民族化新路，他的作品在国内外上演后，深得广大华人的称赞。

胡伯亮教授虽然长期客居国外，但对祖国音乐事业的发展，非常关注。他曾于1990年应邀到台湾各高等学校开设讲座长达一年之久。1991年和1994年，他两次应邀回国，在沈阳音乐学院、西安音乐学院等高校开设高级讲座，反响十分热烈。在厦门的讲学中，他着重阐述自己在西洋音乐特别是钢琴演奏风格流派方面的研究心得、中西音乐的交流问题，其平易近人、通俗易懂的演讲风格，感染了听众，人们都为他的高深艺术造诣所折服。在接受记者采访中，他还谈了对中国钢琴教学和考级制度的独到见解和建议。

他认为，这是对母亲最好的纪念。

2. 歌唱家、咽音学家林俊卿

　　林俊卿（1914—2000 年），1914 年
4 月 28 日出生于鼓浪屿，祖父是基督
教牧师，母亲经常在鼓浪屿教堂吟唱
圣诗，林俊卿 5 岁就能唱整部《闽南
圣诗》，是儿童唱诗班的领唱，在教
堂里接触到钢琴和世界名曲唱片；中
学就读于同文书院，兴趣广泛，能自
己动手制作小提琴。他于 1935 年毕业
于南京金陵大学（今南京大学）理学
系，即考上附属于美国纽约州立大学
的北京协和医学院小儿科，1940 年获
美国颁发的医学博士学位，1941 年开
始在上海行医。

林俊卿

　　在从医的同时，即 1941—1948 年
间，他在上海向著名的意大利音乐家
梅百器、歌唱家莫那维塔学习美声唱
法和意大利传统的"咽音"练声法，
一位教他艺术表现，一位教他发声方
法。由于他勤学苦练，男中音发声正
确，音质坚实，用气讲究，语法准
确，把意大利歌剧中的男中音唱段，
唱得十分到家，1943 年在上海举办个
人独唱音乐会，引起轰动。当时，国
际著名音乐评论家顾特那博士认为林
俊卿是"中国史无前例的歌唱能力最
强的男中音"。他并被誉为集医学科

林俊卿制作的小提琴袖珍模型

林俊卿制作的鼓浪屿
漳州路48号故居模型

林俊卿的漫画作品

学与第一流音乐天赋于一身的"稀有天才"。

1953年，他参加中国艺术团赴苏联、东欧演出，受到极高评价。回国后，他根据周恩来总理的指示，集中精力从事嗓音研究工作，1957年任文化部上海声乐研究所所长。他根据科学发声原理和多年学习声乐的体会，从解剖学入手，系统地运用音响学、生理学、动力学、心理学、语言学、神经学等科学知识来阐述声乐上的理论问题，指导艺术实践。他创造性地综合了意大利传统的"咽音"发声法和我国传统的"喊嗓"与"下丹田"练声法，逐步建立和完善了"林俊卿咽音练声体系"，从而培养了大批歌唱家、声乐教育家，又治疗了大批失声的歌唱家，我国许多著名歌唱家都得益于他的指导和帮助。同时，他还成功地进行了西洋美声唱法与我国民族唱法相结合的探索。

咽音练声法也使林俊卿的嗓音产生了奇特功能。他发高音的能力一下子超越了世界水平。意大利著名歌唱家帕瓦罗蒂由于在一出歌剧中连续 9 次唱高音 C3，被称为"高音 C 王"，但他过了 50 岁之后，唱高音 C 就感到吃力了。而 1984 年 3 月，70 岁整的林俊卿还可以连续 100 次唱高音 C3，甚至唱到高音 C 以上的一个半音，这是他运用科学发声法创造的奇迹。当时海外的许多媒体报道说："C 王在中国。"

"文化大革命"中，他历经苦难，爱妻病逝。1980 年赴美国探亲，他婉拒高薪聘请，带着大批资料回国。1985 年林俊卿博士复出任北京声乐研究所所长。全国十几个省市的歌唱家，在他和研究所同人的指导、帮助下，通过咽音训练和治疗，征服了声带出血、息肉、水肿、肥厚、失声等不同病变，重新恢复了艺术青春；甚至能使"无喉人"用食管唱歌。"林俊卿咽音练声体系"正式创立，在国内外获得了很高的声誉。

林俊卿积 40 年之经验，写了 11 本有关咽音学的专著：

《歌唱发音的机能状态》(1957 年人民音乐出版社出版)

《歌唱发音不正确的原因及纠正方法》(1960 年人民音乐出版社出版)

《歌唱发音的科学方法》(1963 年上海文艺出版社出版，后来再版 3 次，台湾翻印 5 万册)

《咽音练声体系》(1981 年香港出版)

《咽音练声的八个步骤》(1985 年出版，后被译为英文)

此外还有《美声唱法发音的技术特点及其训练的步骤》、《咽音防止职业病的五个步骤》、《如何保持嗓音健康》、《有关咽音的几个为什么》、《嗓音的"神药"：咽音》……这些著作，已成为重要的科学与艺术遗产，对于中国民族音乐、声乐、歌剧、嗓音医学事业的发展，起了巨大的作用。

林俊卿是医学家，医德高尚，医术高明；林俊卿是男中音歌唱家、中国 C 王，灌录了许多唱片；林俊卿是诲人不倦的老师，培养了无数学生；林俊卿是勤奋的学者，写作了许多论文和专著……他为我国嗓音边缘科学的建立和发展作出了巨大贡献，是科学与艺术结合的典范，在国际上产生了广泛而深远的影响。

2000 年 7 月 12 日林俊卿博士病逝于上海。

3. 钢琴家、音乐教育家李嘉禄

李嘉禄（1919—1982 年）于 1919 年 12 月 17 日出生于同安，父亲李永栋是同安基督教传教士，母亲杨冰是鼓浪屿渔家女，她在教堂和教会学校里学会了唱歌、弹风琴、读五线谱，并成为李嘉禄的音乐启蒙老师。李嘉禄在小学毕业后，被保送进入教会办的寻源中学(即寻源书院，此时从鼓浪屿搬迁到漳州)。

中学时代，李嘉禄就向旅居鼓浪屿的英籍牧师娘敏

李嘉禄

戈登夫人学习钢琴。她对李嘉禄的钢琴基本技术和技巧要求非常严格，又特别讲究钢琴弹奏音色的歌唱性，这对李嘉禄钢琴演奏风格的形成，起了关键性作用。她想方设法培养学生的乐感，将学生四手联弹视为教学手段之一，所选用的乐曲是根据海顿、莫扎特等的交响乐作品改编的四手联弹曲。李嘉禄在此时向老师学会了与他人合奏时互相默契配合的能力。她还将读谱和誊抄乐谱视为培养学生基本功的一种手段，让他们一辈子受用无穷。她十分赞赏李嘉禄的勤奋和才能，认为是自己最得意的门生。李嘉禄

还学会弹风琴、吹口琴、吹小号，学校的宗教仪式，都由他司琴伴奏。

他于1938年考入福建协和大学理学系，一边学习生物，一边进修钢琴。他师从美国著名钢琴家福路，技术突飞猛进，视野开阔，曲目广泛。1942年他以一篇题为《邵武常见鸟类的鸣声》获学士学位，留校任福路教授的音乐助教。1943年，他被福建音专聘任为讲师，1945年晋升为副教授。在1943—1947年的5年中，他举办了80多场个人钢琴独奏音乐会，大量介绍了萧邦、李斯特、德彪西及穆索尔斯基的作品。1947年底，福路教授帮助李嘉禄赴美留学，主修钢琴，1950年夏，获音乐硕士学位，并获得全美荣誉奖状和一枚金钥匙。他谢绝了美国大学的高薪聘请和优厚生活，于1950年回国，并立即为各地各界人士演奏钢琴。1951年，他任南京金陵女子大学音乐系主任兼教授，1952年后，任上海音乐学院钢琴系教授、副系主任。

他一生为人正直，学术造诣很深，事业心强，培养了大批优秀的钢琴人才，为我国钢琴事业的发展作出了杰出的贡献。我市钢琴神童而后成为钢琴大师的殷承宗、许斐平等，当年都是他发现并推荐的。顾圣婴是他多年的学生，正是在他的辛勤教育下，她完成了高难度的技巧训练，掌握了如歌似画的音色，发挥了她细腻抒情的特长。这个饮誉中外、国际乐坛为之倾倒的年轻女钢琴家，一次又一次地摘取国际大赛的桂冠，为祖国争得了很大荣誉。但是，李嘉禄教授只赞扬了她的才华与勤奋，却从不涉及自己的教学。当苏联专家来华讲学时，他又毫不犹豫地把她推荐给专家，这种高尚的品德令人钦敬。可惜，顾圣婴一家人在"文革"中惨遭迫害，她被逼自杀，使李嘉禄教授痛心疾首。

李嘉禄教授培养的人才中，有国际比赛获奖者，有优秀的演奏家，有各地音乐院校、文艺团体的骨干力量。直至他病倒医院，还在病榻前辅导学生，撰写著作。他一生为建立钢琴教育的"中国学派"而拼搏不止，他的遗著《钢琴表演艺术》、《钢琴基本技术练习》直至他逝世后的 1993 年、1998 年才由人民音乐出版社出版。数十年如一日，他的艺术造诣，教学经验，他生前灌制的唱片，编写的教材，以及大量的论文、专著，成为我国钢琴教育事业中的宝贵财富。

1982 年 2 月 19 日，李嘉禄教授因病不幸逝世，终年 63 岁。上海音乐学院院长贺绿汀教授在挽联中写道：

卅年勤耕苦耘乐坛长赞颂

满园桃红李白文苑永芳菲

而顾圣婴的父亲顾高地老先生的挽联则更催人泪下：

四十年化育乐坛，长愿传薪人常健，那堪病榻缠绵，力疾深宵著巨帙；

九泉下若逢吾女，应怜入室出同工，忍顾琴键深沉，神伤何处觅遗音？

《中国大百科全书》这样评价李嘉禄的教学特点和演奏特点：

从事钢琴教学达四十年，以治学严谨、耐心细致、循循善诱著称。他注意调动学生的学习信心和能动性，要求学生在理解力、情感表达和技巧三方面全面发展。他的教学选材丰富、曲目多样并博采众长、立意求新。在训练学生的演奏技术时，特别重视指触变化和色彩性，要求做到音色丰富，层次清晰，虚实相间，错落有致。

李嘉禄钢琴演奏热情细腻，善于用不同的色彩变化和力度对比刻画音乐形象，布局严谨而不流于平淡，达到了逻辑性和激情的较好结合。

4.钢琴家许斐平

许斐平（1952—2001 年）1952 年 7 月 20 日出生于鼓浪屿一个

基督教音乐家庭，父亲是牧师，母亲是教堂里的司琴手。他从小生活在教堂唱诗班的氛围中，因而酷爱音乐，并显示出对音乐特殊的接受力和惊人的理解力，5岁时把他掌握的圣诗全部准确无误地弹奏出来，被誉为"钢琴神童"，6岁时，在鼓浪屿三一堂举行钢琴公开演奏。

1959年，许斐平到上海音乐学院附小读书。为了把他培养成一流的钢琴家，上海音乐学院由钢琴系主任范继森教授亲自给他上课。小学三年，许斐平就基本上完成了大学的钢琴课程。1961年，苏联国家交响乐团访华时，听了他的演奏，把他高高抱起："这就是钢琴界的加加林！"（加加林是苏联宇航员，1961年4月12日，成为进入太空第一人）11岁时，许斐平与上海交响乐团合作，演奏莫扎特的钢琴协奏曲，比利时伊丽莎白皇后听了以后，赞不绝口，请他赴比利时参赛并留学，但因"文革"而无法实现。

许斐平

1970年许斐平到中央乐团任钢琴首席独奏员。1979年他考上美国伊斯特曼音乐学院，获得全额奖学金，师从大卫·伯奇教授。1981年，他又考取茱丽娅音乐学院，也获得

2001 年 12 月 18 日，厦门市各界举行许斐平追思音乐会。

全额奖学金，师从著名的浪漫派钢琴大师戈拉特尼斯基教授。在当学生的几年间，他获得了几项国际大奖，1983 年在以色列鲁宾斯坦国际钢琴比赛中获得金牌奖。他在世界各地演出，好评如潮。美国《旧金山观察报》誉为"乐坛瑰宝，绝世奇才"。香港《CD 天地》确定他具有"大师风范"。他数度在"门槛极高"的纽约林肯中心、卡内基音乐厅和华盛顿肯尼迪中心演出，获得很大的成功。

许斐平热爱家乡、热爱母校、热爱祖国、德艺双馨。他定居美国后，多次应邀回国演出。1991 年 6 月，他把在大陆举办的第一场个人音乐会，献给母校上海音乐学院，献给恩师范继森教授，献给校友们。1998 年 9 月间，他回到故乡，在鼓浪屿音乐厅举行音乐会，他把所得的报酬悉数捐献给长江水灾区的人民。他所到之处，不计较报酬，不计较接待条件，都把最好的音乐献给听众。1999 年，我国著名音乐家、指挥大师李德伦在加拿大听了许斐平的钢琴独奏音乐会，对在场的黄安伦说："我听了这场音乐会，真是难得，许斐平应该是目前中国最好的钢琴家了。"2001 年 3 月，他又回到故乡，与厦门爱乐乐团合作，举办"享誉世界的鼓浪屿之子、钢琴诗人许斐平协奏曲音乐会"，由郑小瑛教授执棒，成功地演绎了钢琴诗人的音乐史诗。

他三哥许斐星的女儿许兴艾，在他及许斐星夫妇的精心培育下，成长为著名的青年钢琴家。

2001 年 11 月 27 日，许斐平赴黑龙江省演出、讲学，不幸遭遇车祸，英年早逝。就在他出事的前两天，他还撰文祝贺厦门经济特区 20 周年庆，为 20 年来故乡面貌发生翻天覆地的变化而欢欣鼓舞，表达他"将永远为她歌唱"的拳拳深情。巨星殒落，环球同悲，这位德艺双馨的钢琴巨星永远活在人们心中！

5. 指挥家、音乐教育家郑小瑛

一位 1998 年才应邀来到鼓浪屿的新移民——郑小瑛（1929—）教授，是我国第一位歌剧—交响乐女指挥家，曾任中央歌剧院首席指挥、中央音乐学院指挥系主任和"爱乐女"乐团音乐指导，现任厦门爱乐乐团艺术总监、首席指挥。她曾获国家文化部优秀指挥一等奖、金唱片奖指挥类大奖、法国文学艺术荣誉勋章、俄中友谊勋章等，多次获得"全国三八红旗手"、"老教授科教兴国奖"和"全国老有所为贡献奖"；西方媒体称她为"世界最佳女指挥家"。来厦门几年后，经过市民提名、投票，专门委员会审核、表决，她成为感动厦门的十大人物之一、厦门市敬业奉献道德模范。

郑小瑛

郑小瑛祖籍永定，是客家女，祖父是牧师，父亲郑维是基督教徒、留美学者，母亲的祖先是中亚撒马尔罕（现乌孜别克斯坦）的穆斯林。郑小瑛小时候既在教会学校参加唱诗班，也爱唱爱国抗日歌曲。在南京金陵女子大学读协和医学院的医预科时，接受党的指引，到中原解放区参加了革命工作。1952年她到中央音乐学院学习作曲，1955年成为新中国第一个合唱指挥班的唯一女生，1960年到莫斯科柴可夫斯基音乐学院学习歌剧—交响乐指挥。1961年，在莫斯科克里姆林宫剧院执棒了她的第一场交响音乐会，被苏联媒体以"中国第一位女指挥"为题进行了长篇报道；1962年，在莫斯科音乐剧院指挥公演了意大利歌剧《托斯卡》，成为登上外国歌剧指挥台的中国第一人。1963年学成归国，在中央音乐学院任教授和指挥系主任，培养了一批后来活跃在国内外指挥台上的青年指挥，如吴灵芬、陈佐湟、高伟春、胡咏言、王进、吕嘉、俞峰、彭鹏等。1978年，她在中央歌剧院任首席指挥，与其他艺术家一道，在废墟上重建了歌剧院，排演了许多中外剧目，进行了广泛的国际交流。1989年初，针对市场经济对高雅严肃音乐的冲击，郑小瑛和一批女音乐家，组成志愿者的"爱乐女"室内乐团，不计报酬、不怕劳累地把高雅的严肃音乐送进了校园，这就是独树一帜的"爱乐女"风格！

厦门爱乐乐团建团 10 周年音乐会

　　1998 年，69 岁的郑小瑛，刚刚与癌症搏斗了一番，就应厦门市领导之邀，到厦门创办爱乐乐团，创造了一个"民办公助"职业交响乐团的新模式。乐团一开始就采取了符合艺术规律的艺术总监负责制，向全国招聘的每一个演奏员都经过认真挑选、严格考核。1998 年 9 月 9 日，乐团在鼓浪屿音乐厅举行了建团首演。尽管经历了太多的困难与挫折，但厦门爱乐乐团在少于同类国有乐团一半经费的条件下，参考国际经验，考虑中国特点，以新体制、新理念辛勤耕耘，创造了中国交响乐团按艺术规律建设的奇迹。

　　厦门爱乐乐团前进的每一步，都有着郑小瑛无私奉献的心血。她的"阳春白雪，和者日众"理想正在实现。被媒体誉为"郑小瑛指挥模式"受到了热烈的欢迎：她在指挥演出时，在各个乐曲间穿针引线，就作品、作者、乐器、演奏，乃至音乐礼仪，作了一番连说带唱的解说；有时甚至放下指挥棒，抄起打击乐器，在舞台上手舞足蹈地参加合奏。舆论评说：她有"感动造型"——既当讲解员又当指挥家的忙碌形象；她的"感动核心"——用一支指挥棒，打开了厦门人心中尘封多年的交响乐之门。听友评说："这种独特的'郑小瑛指挥模式'，本身就是一种美好的艺术享受与崇高的灵魂洗礼。"厦门大学美国籍教授潘威廉说：这位被西方媒体誉为"全世界最好的指挥家"的郑小瑛，是"中国国内第一个把普及交响乐作为毕生目标的音乐家"。

2006年7月，第四届世界合唱比赛在厦门举行，郑小瑛担任比赛艺术总监，在开幕式大型音乐会上，她指挥厦门的交响乐团和合唱团，与殷承宗及牛牛合作表演了《我爱鼓浪屿》；闭幕式上，又执棒了交响诗篇《土楼回响》中的《客家之歌》。她的指挥给来自全世界的来宾留下了极为深刻的印象。因此，2008年7月，在奥地利格拉茨举行的第五届世界合唱比赛，邀请她在比赛第二阶段的开幕式上，指挥匈牙利国家青年交响乐团表演《黄河大合唱》第一乐章《黄河船夫曲》；主办方还选聘她为"世界合唱比赛荣誉委员会"成员。同年12月，她应邀与澳门乐团合作，为澳门回归9周年举行了包括大型交响诗篇《土楼回响》在内的庆典音乐会。2010年7月15—26日，由绍兴市人民政府和德国国际文化交流基金会共同主办的第六届世界合唱比赛，再次聘任郑小瑛教授为艺术总监。

郑小瑛，用生命演绎着音乐大师们的作品，用心血浇灌着年轻的厦门爱乐乐团，用激情净化着每一个听众的灵魂。啊，一株音乐艺术的长青树！

6. 钢琴家殷承宗

殷承宗（1941— ）出生于鼓浪屿一个基督教徒的大家庭里，家庭成员大都热爱音乐，造诣非浅，殷承宗最初在教堂里接触到音乐，六七岁开始学弹钢琴，向牧师夫人学识谱。1950年春天，殷承宗在毓德女子中学礼堂举行"9岁幼童钢琴独奏音乐会"，获得成功，坚定了他学习音乐的决心和成才的抱负。

1954年，12岁的殷承宗考上了上海音乐学院附中，并被苏联钢琴专家谢洛夫收为门生。几年间，虽更换了多位老师，但殷承宗矢志不移，刻苦磨练。1959年，在维也纳获得了第七届世界青年联欢节钢琴比赛第一名。1960年秋，殷承宗赴苏联留学，在列宁格勒音乐学院学习。1962年，殷承宗代表中国，参加在莫斯科举行的第二届柴可夫斯基国际钢琴比赛，荣获第二名。评委们的评语是："殷承宗有着对音乐的深刻理解和无懈可击的技巧。"

殷承宗

1963年，殷承宗回国，在中央音乐学院继续深造；1965年，他成为中央乐团的首席钢琴演奏家。

1967年5月，为了探索一条钢琴"洋为中用"的出路，他和中央乐团的几位音乐家，尝试在天安门广场演奏钢琴。出乎意料，反应非常热烈。于是，从1967—1970年，殷承宗主持创作了一系列民族化的钢琴音乐作品：钢琴伴奏唱《红灯记》，钢琴独奏曲《十面埋伏》、《春江花月夜》、《平湖秋月》、《梅花三弄》、《百鸟朝凤》等，但最成功的是根据《黄河大合唱》改编、创作的钢琴协奏曲《黄河》。1970年2月4日，钢琴协奏曲《黄河》在人民大会堂首演，周恩来总理听了，十分赞赏地说："星海复活了！"

1975年，殷承宗出访日本，演奏钢琴协奏曲《黄河》及中国古曲，由NHK电视台录影在日本播放。1975—1976年间，他率领中国艺术团，到南美洲、非洲的一些国家进行访问演出。

1983年3月，殷承宗到美国定居，开始人生的新征程。他凭着自己坚韧的毅力和坚实的技巧，重登世界乐坛。1985年，他在华盛顿举行独奏音乐会后，接受美国电视台的采访时说："我到美国要做三件事：第一，在美国各地好的音乐厅演出，灌唱片，实现我小时候的梦想；第二，向美国和世界各地的听众介绍中国的钢琴艺术；第三，把自己的经验传授给年轻的钢琴家。"这三件事，他确实努力做到了。他与世界上多个著名乐团合作演出，还担任克利夫兰音乐学院教授和常任演奏家，他培养的学生多次获得国际钢琴比赛奖项。

1993年，定居美国后的殷承宗，首次回国在中央电视台演出钢琴协奏曲《黄河》。2002年10月18—31日，由于殷承宗的努力，第四届柴可夫斯基国际青少年音乐比赛在鼓浪屿举行。2006年7月15日，第四届世界合唱比赛在厦门举行，殷承宗应邀在开幕式上与郑小瑛指挥的厦门爱乐乐团和合唱团合作，表演了《我爱鼓浪屿》。

迄今，殷承宗有20多个音乐专辑出版，特别是他将中国古典名曲，用西洋乐器钢琴来加以演绎，完全是对传统民族音乐的一次创新。他演奏的钢琴协奏曲《黄河》，已达600多场，并在50多个国家播放过。舆论称他是"诗人、哲学家型的艺术家"，称他的演奏"用恰到好处的控制和惊人技巧来表现乐曲的深度和流畅"，"结构严谨、声音纯正、色彩丰富、内涵深厚"，"他的炉火纯青的演奏技巧和丰富的感情世界使他的演出别具魅力和震撼力"。

年过花甲的殷承宗，仍在艺术的征途上拼搏奋进！2009年10月，厦门市授予殷承宗"荣誉市民"称号。

殷承宗的家庭，是鼓浪屿的音乐世家。殷承宗夫人陶宗舜是钢琴家，中央音乐学院钢琴系毕业，1980年赴美留学，1993年获全美专业钢琴教学证书。他们的女儿殷悦，1999年毕业于耶鲁大学音乐学院，主修作曲。

殷承宗的大姐殷彩茂是鼓浪屿怀仁小学、毓德小学的音乐老师，也是殷承宗的钢琴老师；二姐殷彩恋是女歌唱家，曾赴美深造，是殷家第一个系统受过西洋音乐训练的人，20世纪20年代灌制过唱片《何处呼声》、《歌吾入梦》等。她音色甜美，十分活跃，不仅影响了殷家一门，而且影响了鼓浪屿的音乐界。

殷承宗的哥哥殷承典是音乐教育家，曾任厦门市音乐学校常务副校长、厦门市音乐家协会副主席。

殷承宗的弟弟殷承基（1943—　），男中音歌唱家，毕业于上海音乐学院声乐系，1970年被上海乐团聘任为主要独唱演员。他音域宽广，音色淳清，是难得的男中音，出版了《殷承基独唱专辑》。他于1975年出访澳大利亚、新西兰、香港，演唱《献给北京的歌》、《大路歌》及当地民歌，深受欢迎。1981年，他与法国著名指挥皮里松合作，在《创世记》里担任男低音独唱。1986年赴美深造，1989年起，在《蝴蝶夫人》等著名歌剧担任男主角。其夫人王伟芳是女高音歌唱家，于上海音乐学院毕业后任上海乐团独唱演员，多次出访世界各国，1987年赴美深造。现在，夫妇两人均活跃于美国乐坛，事业有成。他们的儿子殷雷，毕业于南加州大学广播新闻系，并完成古钢琴课目，目前活跃于好莱坞的演艺圈。

7.指挥家陈佐湟

陈佐湟（1947— ）于1947年出生于上海，1950年，父亲陈汝惠、母亲李荷珍受王亚南校长之聘，到厦门大学任教，他便随父母亲定居于鼓浪屿，在厦门师范学校附属小学（后改名为人民小学）读书。

后来，他回忆起自己走上音乐之路的历程："我走上音乐之路纯属偶然。在鼓浪屿念书时，每天放学路上，被从窗户里飘出来的钢琴声所吸引。我央求妈妈让我学钢琴，妈妈心疼我总是踮着脚尖趴在窗台上听邻居练琴，就花钱从邻居那里租了一台旧钢琴，供我每天练习一个小时。就这样，我走上了音乐之路。"

1966年，他毕业于中央音乐学院附属中学钢琴专业，随即任全国总工会歌舞团和中国电影乐团指挥。"文化大革命"中，他每天埋头练习钢琴，又经殷承宗介绍，不辞辛苦地登门求教于郑小瑛教授，学习指挥艺术的理论和实践。

陈佐湟

　　恢复高考后，陈佐湟即考上中央音乐学院指挥系，1981年夏毕业，同年夏天，应著名指挥家小泽征尔之邀，他赴美国坦格伍德音乐中心及密西根大学音乐学院学习，1982年就获得音乐硕士学位。1985年，他以优异的成绩获得密西根大学颁发的该校有史以来第一个乐队指挥音乐艺术博士学位，成为我国第一个获得博士学位的指挥家。在美期间，他曾任好几个乐团和歌剧院音乐指导，并任堪萨斯大学指挥学副教授，获得"荣誉教授"、"杰出教育家"及"全国优秀艺术家"称号。

　　在美国读书时，他就有一个梦想，就是中国应该有一个真正与中国地位相称的交响乐团。1987年，陈佐湟回国任中央乐团指挥兼中国青年交响乐团指挥。这年秋天，他以首席指挥身份，率领中国中央交响乐团首次访问了美国的24座城市，他们的演出受到了热烈的欢迎，好评如潮。《纽约时报》、《华盛顿邮报》、《芝加哥论坛报》以及旧金山的主要报刊，都发表乐评，称赞陈佐湟"具有纯正的音乐修养和天才的音乐感"，"他的指挥朝气蓬勃而含意明晰"，"他将富于律动的节奏和柔和句法结合得完美无缺"，"使乐队的演奏配合默契而富于韵味，令人联想起小泽征尔的风格"，"陈（佐湟）具有领导乐队的才华"，"他无疑拥有站在任何一个乐队前面的权威"，"中国中央交响乐团在世界艺术中心的舞台上是当之无愧的成员"……

　　几年间，他活跃于世界交响乐指挥台上，频频举行音乐会，录制唱片及担任国际比赛评委，通过繁忙的艺术活动，致力于中外音乐文化的交流。他的足迹遍布北美、南美、东欧、西欧和亚洲的十几个国家，在北京、莫斯科、里斯本、汉堡、莱比锡等城市的著名音乐厅指挥交响音乐会，引起了国际音乐界的普遍瞩目，被誉为"极有才华的青年指挥家"、"杰出的大师级指挥家"、"来自中国的文化大使"。北京《人民日报》、《人民音乐》等报刊认为"他是一位极富艺术魅力的指挥家"、"他的指挥艺术具有开阔的幅度"、"富有戏剧性和哲理性"、"洋溢着崇高感和内在热情"、"显示出大家风度"。

阔的幅度"、"富有戏剧性和哲理性"、"洋溢着崇高感和内在热情"、"显示出大家风度"。

1990年起，陈佐湟担任美国威切塔交响乐团音乐总监和指挥；1992—1996年又兼任美国罗德岛爱乐乐团音乐总监和指挥。其间，他多次获得堪萨斯州和罗德岛州州长艺术奖和嘉奖令，深受乐队音乐家和听众们的欣赏和敬重。

1996年2月，陈佐湟受聘为中国交响乐团艺术总监，6月25日正式组建完毕，开始了为期一个月的集训。9月6—7日，在北京世纪剧院举行"'96中国国际交响音乐年——中国交响乐团首演音乐会"，拉开了该团第一个音乐季的序幕，江泽民等国家领导人前来观看演出。该团采取"音乐季"演出机制，确保乐团的艺术生产有系统、按计划进行，使乐团稳步有序进入演出市场，这是乐团职业化的一个重要标志。中国交响乐团以年轻的阵容和充满活力的演出，向世人展示了勃勃生机。2000年2月，陈佐湟的任期届满，到美国堪萨斯城定居，继续着他的音乐事业。

2002年5月间，鼓浪屿举办钢琴艺术节，他应邀回到故乡，指挥艺术节开幕音乐会，与厦门爱乐乐团合作，演出徐振民的《我爱鼓浪屿》，由原籍鼓浪屿的英国华人钢琴家卓一龙担任钢琴独奏；巴赫的《四架钢琴协奏曲》，由4位国际著名钢琴家演奏；法国普朗克的《双钢琴协奏》，由著名钢琴家米歇尔和陈萨演奏；钢琴协奏曲《黄河》，由澳大利亚著名钢琴家托萨钢琴独奏。这是一场世界大师级的演出，也是鼓浪屿之子和热爱鼓浪屿的艺术家们对厦门的奉献。

2004年4月22日，以上海广播交响乐团(前身为成立于1954年的上海电影乐团)组建成立的上海爱乐乐团，聘请陈佐湟出任艺术总监，驻团指挥由世界指挥大师郑名勋弟子韩裔女指挥家李顺咏担任(陈佐湟兼任韩国仁川爱乐乐团艺术总监)。陈佐湟决心要把上海爱乐乐团打造成有色彩、有个性的城市代表性乐团，立足上海，服务全国，放眼全球。

2006年9月8日、10日，他应邀回中国交响乐团，指挥了两场音乐会。

2007年夏天，刚刚建成的国家大剧院，聘任他为音乐总监。他上任的第一件事就是策划并组织实施国家大剧院开业后的第一个新年（2008）音乐会，并亲自登台执棒指挥中国国家交响乐团演奏现任团长关峡的作品《茉莉花》的世界首演。

2008年10月25日，厦门大学举行"陈汝惠教授创作及学术研究研讨会"，陈佐湟及其两位兄长陈佐洱、陈佐沂携同母亲李荷珍出席。10月26日，陈佐湟为艺术学院师生作了《我在交响乐中听到了什么》的讲座，并深情地回忆了他在厦门、厦门大学度过的美好岁月。

2009年1月10—11日，他率上海爱乐乐团到厦门，举办"新年音乐会"。

陈佐湟：新中国第一位音乐博士，中国交响乐团第一位艺术总监，第一个在我国引进了"音乐季"的人，中国交响乐改革第一人……

8. 钢琴、风琴收藏家胡友义

胡友义（1936— ），钢琴、风琴收藏家，1936年11月15日诞生在鼓浪屿，从小兴趣钢琴和大小提琴。1950年代，他就曾到上海，拜著名钢琴教育家李嘉禄教授、大提琴家陈鼎臣教授为师。1965年，他获奖学金赴比利时布鲁塞尔皇家音乐学院学习，主修管风琴和钢琴。毕业之后，他以钢琴家的身份，在欧洲各国及香港等地教授钢琴。

在欧洲游学及执教期间，胡友义对搜集、研究艺术品产生兴趣，尤其对钢琴、风琴情有独钟。欧美国家是钢琴、风琴的主要

生产地，但由于两次大战，许多名琴随主人迁徙到不受战火威胁的澳大利亚。于是，胡友义和夫人黄玉莲移居澳大利亚，以便收购和珍藏钢琴、风琴。他们在墨尔本建造"胡氏山庄"，成为钢琴、风琴收藏基地。

胡友义在鼓浪屿钢琴博物馆

从 1974 年起，胡友义开始收购钢琴，成为澳大利亚著名的"钢琴人"。他收藏了 19 世纪到 20 世纪各国生产的各种钢琴，大都是孤品、绝品，而且是善品、珍品，包括各种特色钢琴和钢琴用的烛台、灯台，有关钢琴和钢琴家的油画。

胡友义具有一世琴缘，毕生乡情。1998 年，胡友义夫妇决定把他们收藏的世界著名钢琴运回故乡，建立鼓浪屿钢琴博物馆。2000 年 1 月 8 日，鼓浪屿钢琴博物馆在风光秀丽的菽庄花园"听涛轩"开幕。2001 年 12 月 22 日，胡友义又从墨尔本运来 40 台钢琴，2007 年 7 月 25 日，再运来 14 台钢琴和自动钢琴乐谱，在"蛇岭花苑"布展（另 19 台风琴在风琴博物馆布展）。这样，鼓浪屿钢琴博物馆就拥有馆藏钢琴 110 台、展出 95 台、100 多个钢琴烛台、灯台以及油画，成为国内唯一、世界罕有的钢琴博物馆。

胡友义先生要把钢琴博物馆办成资料馆、俱乐部、培训班、表演厅。他在馆内制作了鼓浪屿著名音乐家周淑安、林俊卿、李嘉禄、殷承宗、卓一龙、陈佐湟、许斐星、许斐平、许兴艾的图像、生平简介和中英文说明牌，让游客一目了然地了解钢琴艺术发展概况和鼓浪屿的音乐文化。

全国政协副主席万国权参观后题词道："世界第一。"著名音乐家吴祖强写道："钢琴艺术的历史见证。"

2003年起，胡友义先生又着手创办鼓浪屿风琴博物馆，展出各类风琴、手风琴、口风琴和管风琴，成为世界上唯一、大型的风琴博物馆。

2006年7月30日，中共福建省委常委、厦门市委书记何立峰会见了胡友义先生及其夫人。何立峰书记对胡友义先生说："您为厦门做了一件大好事。鼓浪屿钢琴博物馆的建立，进一步夯实了鼓浪屿乃至厦门厚重的文化底蕴。"何立峰说，胡先生的义举十分感人，所收藏的每一台钢琴都有一段历史，都是一件精美绝伦的艺术品，它们的价值难以用金钱来衡量，影响难以估量；胡先生独具匠心，为此倾注了极大的热情，付出了大量的心血。鼓浪屿钢琴博物馆的创立，使音乐的魅力和琴岛的风光巧妙地结合在一起，让人们的精神在艺术的熏陶中进一步升华。

为了继续作出贡献，胡先生又花了巨资，从美国波士顿伊玛教堂购买了一台名贵的凯斯文特管风琴，运回了鼓浪屿……世界上这样的自动风琴仅有3台，胡先生购买的消息一传出，世界各地的风琴收藏家、博物馆负责人，就不停地打来电话，开出更高的价码，希望胡先生割爱转售，可全都被胡先生严词拒绝："这是我要送给故乡鼓浪屿的礼物，无论多少钱都不可能转让。"

胡友义先生是带着一身沉疴在打理这些事的。他的一位未曾谋面的同门学友柯子歧先生特地来信慰问："建立钢琴和风琴博物馆，不仅仅是物质上的建造，而且是一种精神文化的建立。一个人的思想感情、心意和愿望，可以通过这种凝结了自己大半生心血的方式来表达。……这些曾经辉煌灿烂过的古老钢琴，它们是一种'沉睡的生命'，是你重新唤醒了它们，赋予它们生存的价值，让它们能重新为我们唱出了新歌。我相信人们会以感激的心来回应你所做出的贡献的。"

9. 歌唱家、音乐教育家吴天球

吴天球（1934—　），男低音歌唱家、音乐教育家。他于 1934 年 6 月 12 日生于同安。解放后在集美中学念书，后回家务农，在乡村的文艺活动中显露了优美的歌声。

吴天球

1951 年秋，吴天球考进办在鼓浪屿的厦门师范学校，音乐老师江吼发现他的音乐才能，有意识地让他独唱、领唱，培养他的歌唱能力。1954 年，他从厦门师范毕业，照例应分配到小学任教。学校考虑到他的成绩优异，又有特长，便推荐他报考高等师范院校。江吼老师和学校教导主任漆兢余老师都力主他报考音乐专业，为祖国作出更大贡献。结果，他被华东艺专录取，1957 年 2 月转入中央音乐学院声乐系学习。

1959 年 4 月，吴天球以品学兼优的成绩，被中央文化部选送到保加利亚留学，并作为中国青年代表团成员，参加1959 年 7 月在维也纳举行的第 7 届世界青年联欢节声乐比赛。尽管他水土不服，感冒发烧，还是获得了"古典声乐艺术作品演唱比赛"三等奖。

他进入索非亚国立音乐学院学习，观摩了许多演出，特别是西欧著名经典歌剧，并参加演出实践。1961 年秋，吴天球以优异的成绩毕业回国，并在母校中央音乐学院任教，由教授而声乐系系主任。

1978 年以来，吴天球先后举行了几百场独唱音乐会，获得声乐界人士的高度评价。1982 年，他录制了个人唱片专辑，演唱《伏尔加船夫曲》竟唱出最低音的 B，这是世界上的男低音歌唱家中还没有唱过的低音，被誉为"国宝"。唱片被送往香港、莫斯科、巴黎等地展销，短时间内便告售罄。

1992 年，他根据自己 40 年歌唱生涯的经验，写成《让你的歌声更美妙——歌唱的具体方法与训练》一书，由人民音乐出版社出版，很受读者欢迎，一版再版。他培养了大批歌唱人才，1991 年 1 月被批准享受国务院特殊津贴。90 年代以后，他更是长歌于五洲四海，不断在国内外进行演出，其中，包括多次回到故乡厦门和赴台湾演唱，均获得很高的评价。

舆论一致认为，他是我国不可多得的男低音歌唱家。

10. 钢琴家卓一龙

卓一龙（1940—　），1940 年出生，是鼓浪屿卓氏家族的后代，1946 年随家赴香港定居，开始学习钢琴，并经常回故乡鼓浪屿度假。1948 年，她获得香港音乐竞赛头等奖。1952 年她获得奖学金到英国女子寄宿学校读书，13 岁就通过了英国"联合委员会" 8 级钢琴考试，1956 年又获得奖学金进入英国皇家音乐学院学习钢琴。在校期间，她获得了许多钢琴顶级奖：钢琴独奏会证书金奖，皇家音乐学院俱乐部奖，海外同盟竞赛奖。

1960 年毕业后，她到巴黎音乐学院，师从凡·勒菲布尔教授,并在科尔托大师班上演奏浪漫派作曲家的作品,获得巴黎音乐学院头等奖后回英国,开始了演奏家生涯。除了英国以外,她还在法国、德国、西班牙、意大利、丹麦、瑞典、新加坡、香港等国家和地区演出。1969年,与著名钢琴家奥伯·车科一道在美国工作了两年,演奏了大量室内乐作品。

1975年,"门槛极高"的英国皇家音乐学院钢琴系聘请她到校任教,英国的一所特殊音乐学校——普尔切曼音乐学校也请她任教职。她在繁忙的教学之余,坚持演出,并在香港、新加坡、波兰、马来西亚等地开设钢琴大师班课程。

1975年,她在罗马尼亚钢琴家拉铎罗普家中,认识了著名钢琴家傅聪,不久,结为连理,育有两个孩子。

稍后,她在英国录制出版了她所演奏的萧邦音乐作品CD,包括24首前奏曲、萧邦最出名的《华尔兹》和《船歌》。她对萧邦作品理解和领会非常深刻,演奏技巧精湛,使这套CD成为欣赏萧邦作品的经典之作。

2001年4月,她应厦门大学艺

青年卓一龙

术教育学院音乐系之邀，回到她深切怀念的故乡，为莘莘学子们和音乐爱好者讲学及演奏，博得了高度的评价。2002 年 5 月，她再次回来，参加在鼓浪屿举办的第二届中国音乐"金钟奖"暨鼓浪屿（国际）钢琴艺术节，与著名指挥家陈佐湟和厦门爱乐乐团合作，演奏《我爱鼓浪屿》等作品，受到热烈欢迎。

现在，她和傅聪及两个儿子定居在英国伦敦。

11. 钢琴家、音乐教育家王政声

王政声（1910—2003 年）原籍龙海市，后来定居鼓浪屿。他在寻源中学读书时，就开始接触基督教—西洋音乐，并立志专攻钢琴。1927 年升入福建协和大学，一年后转至上海沪江大学攻读音乐课程，1931 年毕业后留校任教。他组织与指导沪江大学音乐协社的艺术活动，在上海颇有影响，曾被美国电影公司拍成记录片在各地放映。

王政声遗像

1935 年，王政声应聘任浙江大学音乐教员，同时任"杭州歌咏社"社长兼指挥，与美国钢琴家、上海歌唱家、上海"工部局"交响乐团等多方合作演出，成为杭州乐坛的执牛耳人物。杭州沦陷，他随浙江大学内迁至西南地区，他与丰子恺合作，将后者创作的歌词《大王树》和《中国万万岁》配了乐曲，以激励民众的抗日救亡热情。

1941年，他应聘担任厦门大学音乐教员，为中文系林庚教授所写的《铁声歌咏团团歌》、《蓝天小景》等歌词谱曲。铁声歌咏团用高亢的爱国歌声，激发民众的抗日斗志。1942年，福建音专改为国立，聘王政声为教授。到校不久，即为校长卢前所写的抗日歌词《八一三感怀》配成合唱曲，又为朱玖莹的《青年从军歌》配曲，供全省各界人士传唱。他本身任省会各界抗日歌曲大会唱总指挥，后又在全省各主要城市举行钢琴独奏音乐会。

抗战胜利后，王政声回厦门大学任教。1950年5月，曾任厦门市音乐工作者协会主席。1952年，院系调整，王政声到福建师范学院（现福建师范大学）音乐系任钢琴教授，随即以闽南流行的民歌《渔歌》编写钢琴独奏曲作为教材。他于1980年退休，50年间，为国家培养了大批音乐人才。

退休后，王政声到香港定居、养病。1984年，美国巴荣顿大学音乐系聘请他为"驻校艺术家"兼客席钢琴教授，可惜因身体欠佳，未能成行。

12. 钢琴家许斐星

许斐星于1946年6月28日出生在鼓浪屿一个基督教音乐世家，从小受到良好的音乐熏陶和教育。他11岁在笔山小学读书时，因弹奏乐曲《少女的祈祷》被中央音乐学院附中录取，1963年进入中央音乐学院钢琴系学习，1968年以优异成绩毕业，被分配到中央乐团工作。他多次随我国艺术团出国演出或参赛，为十几个国家的首脑人物演奏过。国际音乐评论界一致认为他"才华横溢，感情充沛"。

他参加过钢琴协奏曲《黄河》的改编、创作和演出。

1981年3—4月间，许斐星随中央乐团著名音乐家独唱独奏

许斐星

组回到故乡演出，亲自作词作曲写了一支歌《鼓浪屿，我亲爱的故乡》，抒发他对故乡的缠绵爱恋之情。

1982年，许斐星到美国定居，他和夫人、钢琴家、竖琴家刘锦嫒，培养了无数学生。许斐星连续7年，被美国钢琴教师协会评为"优秀钢琴教育家"；2001年5月，美国教师协会授予许斐星"卡内基教育家奖"，此奖包含"优秀钢琴教师奖"、"室内乐优秀教学奖"、"国家教育证书奖"三项内容。这对于华人来说，是一种难得的殊荣。

许斐星、刘锦嫒夫妇与弟弟许斐平一起，精心培养了钢琴新秀许兴艾。

13.钢琴家许兴艾

许兴艾（1976— ）的父亲许斐星、母亲刘锦嫒和叔叔许斐平，都是钢琴家。兴艾3岁学琴，4岁随父亲公开演出，6岁在中央电视台亮相。

8岁时，兴艾随父母定居于美国。11岁，她首次与美国的交响乐团合作演出，12岁时，她在纽约林肯中心由乐队配合演奏了圣·桑钢琴协奏曲，这使她坚定了走音乐之路的决心。1993年，兴艾16岁，父母亲将进一步提高钢琴艺术水平的重任交给了叔叔许斐平。叔叔便高起点地指导她，让她练习了许多高难度的作品，教她技巧，更引导她发掘感觉，捕捉灵感。

1995 年初，许兴艾即将高中毕业，经过好几轮严格筛选，她成为 20 名"美国总统奖"获奖人之一，钢琴领域，只有她一人。6 月 21 日，她应邀到白宫，克林顿总统亲自颁发金牌，授予她"总统青年艺术学者"称号。1996—1999 年，她在茱丽娅音乐学院读书，2001 年夏天又获耶鲁大学音乐硕士学位。这期间，她多次在国内外大赛中获奖，2000 年，获得"美国杰出人才奖"，9 月 20 日，耶鲁大学校长理查德·雷文博士和夫人亲自为她颁奖。

许兴艾

2000 年 5 月 8 日，她回到故乡，在鼓浪屿音乐厅举行钢琴独奏音乐会。叔叔许斐平不幸于 2001 年 11 月 27 日因车祸去世，她在纽约的追思会上献琴，在《茱丽娅音乐学院月刊》(2002 年 2 月号)发表悼念文章，情真意切地回忆叔叔对自己的教诲，表示要学习叔叔德艺双馨、热爱家乡的精神品格。

2004 年 7—8 月间，厦门市举

办第二届鼓浪屿音乐节，许兴艾应邀回乡演出，她还与几位世界钢琴名家在厦门、北京、上海、广州、香港，运用鼓浪屿钢琴博物馆提供的4台名琴，进行巡回演出。她除了参加双钢琴与打击乐、三钢琴、四钢琴协奏外，还独担演奏作曲家杜鸣心的钢琴协奏曲《献给鼓浪屿》。

许家出了乐坛三兄弟——老二许斐尼毕业于中央音乐学院小提琴系，老三许斐星毕业于中央音乐学院钢琴系，老四许斐平毕业于上海音乐学院钢琴系。他们的母亲张秀峦是教堂里的司琴，是兄弟们的音乐启蒙老师。

许斐星的夫人刘锦媛毕业于中央音乐学院，是一位钢琴家、竖琴家。他们的女儿许兴艾在茱莉亚音乐学院取得学士学位，又在耶鲁大学音乐学院获得硕士学位，是著名的青年钢琴家，其夫君丹尼尔·凯洛格是当代美国著名青年作曲家，在美国科罗拉多州立大学作曲系任教授。许斐星、许斐平的外甥孙女廖露得1997年出生，8岁被选为"休斯敦年轻艺术家"，2004年荣获第四届国际青年钢琴奏鸣曲比赛一等奖并获得在纽约卡内基音乐厅演奏的资格，2004年、2005年、2006年连续荣获大休斯敦青年钢琴比赛青少年组一等奖，2009年荣获休斯敦交响乐联盟协奏曲比赛（18岁以下多种乐器）金奖。2009年5月31日，在鼓浪屿音乐厅举行钢琴独奏音乐会，指导老师是许斐星、许斐平的侄子许乐成。

许家和他们的姻亲，有34人从事音乐工作或与音乐结缘。

14. 钢琴调律师、制作师黄三元

黄三元（1955— ），钢琴调律师、制作家。

1978年，23岁的黄三元，背着自己制作的大提琴，考进了福建省歌舞团，他开始进入正规的音乐艺术生涯，聪明才智获得了发挥的平台，在各种乐器的制作、调律和维修方面，创造了一个又一个奇迹。

1980年，他以优异的成绩考上北京全国钢琴调律学校。此后4~5年间，他先后在中央乐团（现中国交响乐团）乐器维修制造室、中央音乐学院音乐研究所、北京乐器研究所、北京星海钢琴厂、北京提琴厂、北京管乐厂王府井乐器维修部、营口钢琴厂等单位学习，师从著名高级调律师马桂林、钢琴制作师潘仲华和金先彬、提琴制作大师戴洪祥等，还跟随著名钢琴大师殷承宗在全国巡回演出，专职负责钢琴调律及维修。他的耳朵灵、乐感强、音准好、手艺巧，调律基本功扎实，手法独特，善于左右开弓，调律速度极快。许多乐坛前辈夸奖他的调律水平："调音稳定，音质优美。"

1987年，他参加在北京举行的第二届全国高级提琴制作大赛，选送的4架提琴全部获奖，其中大提琴获得声学品质第二名，小提琴获得第六名。

黄三元

他获得国务院轻工业部颁发的"高级提琴制作技师"职称。1992年，中央文化部批准他为"钢琴高级调律师"，成为我国最年轻的钢琴高级调律师。1995年，他成为中央文化部科技指导委员会委员。他所制作的100多架提琴，被国外交响乐团、中央乐团、上海交响乐团以及音乐院校采用，又培养了一批钢琴调律、维修和乐器制作人才。他参加多个国际钢琴技师、调律师协会，又兼任傅聪、殷承宗、许斐平、许忠、李坚等著名钢琴家的调律师。

早在1987年，黄三元参与创办了首家中外合资福州和声钢琴厂，出任副总经理、总工程师。他出访德国、法国、英国、意大利、日本、韩国的先进钢琴企业，得到国际著名钢琴制作大师狄特里克·都锡、保罗·斐芝欧尼、高顿·斯坦威、劳瑟·切尔等的亲手指导。1994年3月7日，福建省文化厅作出了《关于黄三元同志为我省我国音乐事业做出杰出贡献给予特别嘉奖的决定》，"决定"说："黄三元同志为我省我国音乐事业做出卓越贡献，是我省我国音乐界与乐器制造业难得的技术人才与模范。"

黄三元于1993年定居澳门，1996年回乡创办厦门三乐钢琴有限公司。1997年，他设计制造的SL—125厦门产钢琴，达到国际声学品质稳定性A级(最高水准)，填补了我国钢琴制造史上的空白。几年间，他有5项发明和设计，获得国家知识产权局颁发的"专利证书"。"键盖转动装置"获得2000年国际发明金奖，"三角钢琴铸铁板"荣获2003年亚洲国际新技术新产品博览会金奖。三乐牌钢琴的音色、音量、音准稳定，均可与世界同类产品媲美。

不仅如此，三乐钢琴有限公司还以创意为特色，16尺、9尺、4.8尺、微型等多种样式的钢琴，都加入了创意元素，有的用红木雕刻，可以自动演奏500首乐曲；有的是梳妆台、写字桌、电脑与钢琴四合一；有的制成微缩钢琴，能自动演奏美妙的乐曲……它们似乎都具有令人惊奇的"特异功能"。

2006年，香港皇家社会科学院授予黄三元"皇家乐坛院士"

称号。黄三元正在为打造中国"斯坦威"钢琴而竭尽才智和精力！

15. 歌唱家、音乐教育家吴培文与钢琴家吴迪

吴培文（1945—　），厦门大学艺术学院声乐教授，男中音歌唱家。1963年中学毕业后，他考入福建师范大学音乐系，1972年进入福建省歌舞团任独唱演员，1979年到上海音乐学院进修，1981年在北京东方歌舞团任独唱演员，1982年在南京军区歌舞团任独唱演员，1987年在上海歌剧院担任主要演员。这一年，上海举行国际艺术节，他与美国艺术家合作演出意大利歌剧《艺术家的生涯》，担任主要角色画家马切洛，倾倒了上海观众，受到中外艺术家的称赞。同年，他还分别应上海乐团、上海交响乐团、哈尔滨歌剧院、上海歌剧院之邀，在贝多芬第九交响乐《欢乐颂》中担任主角，在大型民族歌剧《岳飞》、《仰天长啸》中扮演主角岳飞。1988年，在上海国际艺术节中，他再度与上海歌剧院合作，在大型民族歌剧《霸王别姬》中主演楚霸王项羽，获得上海国际艺术节"优秀剧目奖"。1990年他因在《仰天长啸》中主演岳飞获得首届"上海戏剧表演艺术白玉兰奖"主角奖，这是中国歌剧界获此荣誉的第一人。

1988年，吴培文到厦门大学艺术教育学院任教，担任过系主任、院长、硕士生导师。他全身心地投入管理工作，大胆进行艺术教学改革；多方争取资助，改善了学院环境，为艺术教育学院的发展立下汗马功劳。他还抓紧时间，钻研音乐理论，撰写有关论文：《京剧发声技术与欧洲美声唱法》、《关于三种唱法的思考》、《关于严肃音乐与高雅音乐的思考》、《音乐的哲学》、《关于声乐演唱与教学的若干思考》、《关于素质教育与生存教育的思考》、《关于新歌剧的若干思考》等，在国家主要刊物上发表。他主编的《中外轻歌曲选集》1993年6月由厦门大学出版社出版，全书收录中

外轻歌曲159首，成为高等师范院校声乐辅助教材。他亲自培养、指导的学生，在全市、全省、全国声乐比赛中，频频获奖。

吴培文多次出访美国、意大利、俄罗斯、朝鲜、日本、菲律宾、台湾、香港等国家和地区。2004年8月，他与其女儿、青年钢琴家吴迪，在美国圣保罗市哈姆林大学举行音乐会。他演唱的曲目有：《祖国，慈祥的母亲！》、《满江红》、《龙的传人》、《在那遥远的地方》、《橄榄树》、《阿拉木汗》、《亚芒的咏叹调》（选自《茶花女》，用意大利语演唱）、《妈妈》（意大利民歌，用意大利语演唱)、《请你告诉她》（意大利民歌，用意大利语演唱）。

2006年7月，第四届世界合唱比赛在厦门举行，鼓浪屿合唱团和厦门星海合唱团共同演唱会歌《相约厦门》，由吴培文领唱。2008年7月，第五届世界合唱比赛在奥地利格拉茨举行。厦门合唱团应邀参加比赛，吴培文担任厦门合唱团艺术主管，此赛获得了金奖银牌的好成绩。

多年来，吴培文获得了多项奖励，其业绩载入《中国歌坛人物》、《中外歌唱家词典》。他是中国音乐

吴培文

家协会会员，担任福建省音乐家协会副主席、厦门市文联副主席、厦门市音乐家协会主席，并长年受聘担任上海歌剧院、哈尔滨歌剧院客席演员，解放军艺术学院和上海音乐学院客席教授、教育部高等学校艺术类专业指导委员。

吴培文的女儿吴迪（1984— ）是青年钢琴家。她4岁开始学琴，1990—1994年间，两次获得厦门市、两次获得福建省、一次获得全国少儿钢琴比赛第一名，曾就读于中央音乐学院附小、附中。

1999年8月，吴迪获得全额奖学金，赴美国曼哈顿音乐学院深造，2000年，考入柯蒂斯音乐学院钢琴系，跟随院长、著名钢琴大师克拉夫曼学习，获得学士学位；接着，又连续获得茱丽娅音乐学院钢琴硕士、AD（高级艺术家文凭）、美国石溪大学钢琴演奏博士等学位。2000年，吴迪就在全美钢琴大赛中屡创佳绩，连夺3项冠军：第8届密苏里国际钢琴比赛第一名，第41届长颈区钢琴比赛和千禧年青年音乐家比赛冠军。2002年，她赴德国演奏贝多芬的热情奏鸣曲。2003年3月，她在肯尼迪中心与美国国家交响乐团合作演出3场协奏曲。2004年1月，她在美国纽约卡内基音乐厅与纽约交响乐团合作，演奏音乐大师格什温的钢琴协奏曲。这一年，她还与匹兹堡交响乐团、新泽西交响乐团合作演出。2005年3月14日，她在美国南卡罗里纳州举行的第10届国际青年

吴迪

钢琴大赛中，获得第一名，又连续获得美国密苏里国际钢琴比赛第一名和美国休斯顿国际钢琴比赛第一名。2009 年 5 月，她在纽约林肯中心演出。不少世界知名的音乐家，对吴迪近年来多场音乐会表演，都给予好评。她演奏的拉赫马尼诺夫第二、第三钢琴协奏曲，被公认为所有的钢琴曲中，技巧最艰深的一首名曲，而她游刃有余，令听众如痴如醉。美国加州大学音乐系主任贝基教授评价道："吴迪的'内心音乐'太好了，她的手指力度比英国皇家音乐学院得奖学生还要好。"2009 年 5—6 月，世界顶尖的美国第十三届"范—克莱本国际钢琴大赛"在美国德克萨斯举行，全世界共选拔出 30 名年轻钢琴家在这里竞赛。结果，吴迪经三轮比赛进入前 6 名，获得本届大赛决赛奖。

16. 手风琴演奏家、音乐教育家李未明

李未明（1947— ）1947 年 12 月 25 日诞生于鼓浪屿一个基督教音乐家庭里，母亲颜宝玲是著名的花腔女高音歌唱家，"文革"前在厦门市歌舞团工作，她的中国歌剧选曲《飞出苦难的牢笼》及外国名曲《燕子》等歌曲曾经响彻八闽大地，长城内外。"文革"初，她即受到严重迫害，含冤而死。

1958 年，李未明 11 岁时，进入福建艺术学校学习手风琴，7年后毕业，到宁化县插队，1973 年考入福建师范大学音乐系，毕业后留校任教。他在音乐研究及教育领域涉猎宽广，包括音乐教育理论、小提琴、手风琴、电子琴、钢琴及键盘乐器的演奏，被破格晋升为讲师、副教授，1993 年晋升为教授，随后担任福建师范大学艺术学院副院长、福州键盘音乐学校校长。1998 年调到厦门大学艺术学院任副院长兼音乐系主任、教授、硕士生导师，后专任教授、硕士生导师，现任福建音乐学院院长。社会职务有：中国农工民主党福建省委副主委、福建省政协常委、全国政协委

员；福建省手风琴、电子琴专业委员会会长，福建省吉他学会会长，中国手风琴学会副会长，中国电子琴学会副会长，全国器乐考级委员会手风琴专家委员会副主任、电子琴专家委员会副主任。

李未明在学术方面，有多种著述。他编著的《手风琴技术训练与伴奏编配》一书，1983年7月由福建人民出版社出版；他译著的《吉他演奏法》一书1985年在《福建音乐》连载；他主编的《高等师范院校手风琴教程》1988年7月由人民音乐出版社出版；他编著的《电子琴练习曲集》1991年1月由福建教育音像出版社出版；他所撰写的《手风琴艺术事业概述》刊登在《1992年中国音乐年鉴》；他所编曲、作曲的《电子琴曲集》1999年2月由人民音乐出版社出版；他所编著的《手风琴练习曲集》、《手风琴演奏技巧》2000年1月、4月由湖南文艺出版社出版；他与聂希玲合作编著的《手风琴基础教程》2000年10月由中国广播电视出版社出版。1989年11月，首届中国手风琴科技成果评奖，他的《手风琴技术训练与伴奏编配》、《高等师范院校手风琴教程》获得一等奖。

李未明

在创作方面，李未明与阿土合作编著《阿里山土风舞手风琴曲集》于1984年10月由福建人民出版社出版，他编著的《少儿手风琴曲集》1985年5月由福建人民出版社出版，他撰稿、讲授的三集电教片《吉他与吉他音乐》1986年1月由福建电视台播出，他撰稿、主讲、示范的四集电教片《手风琴基础》1986年5月由中央电教馆播出，他编著的《简易儿童电子琴曲选》1987年6月由鹭江出版社出版，他编著的《少儿手风琴曲精选》、《少儿电子琴曲精选》1988年2月、5月由福建少儿出版社出版，他与阿土合作的手风琴与乐队组曲《儿童生活剪影》1988年8月由人民音乐出版社出版，他撰稿、主讲、示范的16讲电教片1989年7月由中国教育电视台播出，他编曲、作曲的《中高级少儿电子琴曲》第一集、第二集1990年8月、1991年12月，由福建少儿出版社出版，他执笔主编的《全国电子琴考级作品集》第一套1993年6月由北京文化艺术出版社出版，教学录象带（与王梅贞合作主讲）1994年8月由中国音协音像出版社出版，《李未明电子琴作品集》ＶＣＤ1999年3月由福建文艺音像出版社出版，他编曲的电子琴曲《百鸟朝凤》发表于1999年3月号《音乐创作》，《中国手风琴曲100首》（上、中、下3册）1999年11月由人民音乐出版社出版。2002年2月，他创作的《瑶族舞曲》、《归》入选法国国际手风琴比赛规定曲目。

李未明的个人手风琴演奏也多次在省、市和中央电视台亮相，并出版《手风琴技术训练》录影带；1985年6月主持创办我国第一份手风琴专业学术刊物《手风琴园地》。他所教的学生，多次在国内外手风琴、电子琴比赛获奖。1994年8月，全国手风琴艺术节，学生欧阳芳获得少年组一等奖，游文梅获得青年组二等奖。1997年，澳大利亚和新西兰举行国际手风琴比赛，学生林一帆获得全开放组第一名，欧阳芳获得键钮琴组第一名，林璇获得15岁组第一名，黄思雯获得12岁组第一名。自1986年至2000

年，他有 16 名学生获得全国少儿电子琴比赛一等奖。

由于他的努力，他多次获得各种奖励：1985 年获得福建省政府颁发的"先进教育工作者"称号，多次获得全国性"园丁奖"。1995 年 7 月，他应邀赴德国，参加第二届手风琴学术研讨会，1997 年、1999 年，他两次应邀担任澳大利亚国际手风琴比赛和新西兰南太平洋地区手风琴比赛评委。他本身则多次组织国际性、全国性和地区性钢琴、手风琴、电子琴比赛和学术活动，担任评委或评委会主任，并获得许多荣誉。2009 年 7 月，他担任第一届全国青少年钢琴比赛评委。

2001 年 9 月中旬，他率领厦门大学艺术教育学院艺术小组一行 12 人，赴台进行为期一周的文化交流。

在 30 多年的音乐教育工作中，李未明形成了自己的教育理念，这就是"合作性技能教育"。他认为，艺术教育要全方位地开展，学生就不能缺少相互间的交流和配合。他一直在思考怎样使音乐教育多样化，如何让学生主动而愉快地学习。他通过观察、实验，觉得"四手联弹"以及多人多架乐器的重奏训练，会加强弹奏者对音

厦门大学艺术团赴台

乐的兴趣，让他们在弹奏的过程中，始终去听自己和合作伙伴的琴音，融入到两人或多人的音乐创造中。这个愉快的过程，能激发音乐创造力，让人得到更多的熏陶，感受到音乐更深层次的美。

多年来，他一直在努力推广这一理念，取得了丰硕的成果。

李未明的大哥擅长黑管，大哥的女儿李晓红毕业于集美大学音乐系。李未明的弟弟李希微毕业于上海音乐学院，获硕士学位；另一个弟弟李京榕毕业于福建师范大学音乐系，均赴美留学深造。

17. 钢琴家、音乐教育家杨鸣

杨鸣（1957— ）现任中央音乐学院钢琴系教授、中央音乐学院鼓浪屿钢琴学校校长，并担任国家文化部考评委员会钢琴组副主任、《钢琴艺术》杂志编委。

杨鸣出身于音乐世家，父亲杨扬（杨炳维）、哥哥杨镇和杨建、姐姐杨素芳都是音乐家，号称"杨家音乐五虎将"。杨鸣从小就显示非凡的音乐天赋，6岁即在钢琴比赛中获奖，后毕业于上海音乐学院，在中央音乐学院获得硕士学位，并获得最高奖学金留学于美国克利夫兰音乐学院。他曾师从李嘉禄、徐荣芹、李瑞星、周广仁、刘诗昆、殷承宗、弗莱希曼、威廉·雷斯等中外名家。

1975年，在全国规模最大的一次音乐调演中，杨鸣获得最高荣誉，在北京连续参加几十场音乐会的演出，并在国家重要庆典中，多次表演钢琴独奏。1980年，他在"上海之春"全国钢琴比赛中获得二等奖，并四次在国际比赛选拔赛中获得第一名。在第8届美国吉娜·巴考尔国际钢琴比赛中，他进入前十名，获得优秀半决赛奖。他曾多次与中央乐团、中国广播交响乐团、中国电

杨 鸣

杨炳维

影乐团、北京交响乐团等合作演出钢琴协奏曲，与欧美一些国家的音乐家合作举办室内音乐会进行演出。1998年，他参加"中国艺术团"出访欧美国家演出，在美国南加州大学、马里兰等十几所音乐学院演出和讲学，受到很高评价，被誉为"多年来难得听到的对音乐作品真正的理解"、"具有优良的钢琴技巧"的演奏家。2002年2月，杨鸣访问美国德克萨斯州达拉斯市，举办钢琴独奏音乐会，并到三所大学讲学：德克萨斯基督大学、北德州大学、东南俄克拉荷马州立大学。杜兰特市议会授予他"城市金钥匙"和"荣誉市民"称号。

杨鸣为中央人民广播电台、中央电视台、音像出版社录制了包括古典、浪漫及近现代的几十部钢琴作品，在电台、电视台经常播放。他录制的中央音乐学院海内外钢琴考级教学录像在国内外广泛传播。他所编写的教材《音乐学院附小钢琴教程》、《高等音乐（师范）院校钢琴分级教程》被评为国家教育部"211工程"重点教材。他还担任许多国内外钢琴比赛评委，他的名字被收入《世界华人文学艺术界名人录》大型系列丛书。

杨鸣在担任中央音乐学院钢琴系

主任時，就一直在關注著家鄉的發展變化，並力促一些重大的、有影響力的賽事到廈門舉行，規劃回家鄉辦鋼琴學校。經過8年努力，2006年9月，由廈門市人民政府和中央音樂學院共同創辦的鼓浪嶼鋼琴學校正式成立，校址設在鼓浪嶼皓月園旁，並在廈門島北部建設五緣灣校區。楊鳴的老師們對楊鳴回家鄉辦鋼琴學校都很支持，著名鋼琴家周廣仁、劉詩昆都對他說："你什麼時候需要我，我就什麼時候到廈門。"

18. 音樂學家、音樂教育家謝嘉幸

謝嘉幸（1951—　　）1988年畢業於中國音樂學院作曲系，獲碩士學位；2004年在中央音樂學院獲音樂美學方向博士學位，現任中國音樂學院音樂研究所所長、中國音樂學院研究部副主任、教授、博士生導師，並任中音樂家協會教育學學會會長等社會職務。他主攻音樂教育學、音樂分析及音樂美學三個領域，發表了多篇學術論文和譯文，出版了多部學術著作，廣泛參加國內外學術活動和講學，取得了豐碩的學術成果和顯著的教學效果。

音樂教育學是研究有關音樂教育的實踐及其理論的科學，它是介於教育學與音樂學之間的邊緣學科，屬於音樂理論學的專業研究範疇。我們慶幸，從鼓浪嶼走出去的音樂人，終於出現了卓有成就的音樂學家。2006年，他獲得"北京拔尖人才獎"，並赴美國講授"中美音樂教育比較"課程。請聽他在"2006音樂教育北京國際論壇"上的呼籲：學校要擔負起建立民族音樂文化觀念，加強民族音樂傳承的重要任務，保住民族的根。這是針對當前在流行音樂衝擊下，民族音樂文化的保護和傳承面臨嚴峻形勢，有感而發的。2007年10月11日，他在《中國音樂報》發表了《為人生而音樂》一文。他在"2008北京文藝論壇"上，又作了《全球視野中的高等音樂教育》的發言，提出"我們理解世界要以我

们自己为依据"的主张，并再次发表文章，呼吁建立"面对 21 世纪的中国音乐学术共同体"。这位音乐学家，为中国民族音乐文化的发展和强盛，不屈不挠、不遗余力地奋进着。

他的主要学术著作有：

《音乐教育与教学法》（与郁文斌合作，1991 年年 10 月高等教育出版社出版）

《走进音乐》（1999 年 1 月四川人民出版社出版）

《德国音乐教育概况》（1999 年 5 月上海教育出版社出版）

《音乐分析》（2000 年 7 月高等教育出版社出版）

《音乐欣赏教程》（2000 年 9 月中国劳动社会保障出版社出版）

《音乐的语境——一种音乐解释学视域》（2004 年 7 月上海音乐学院出版社出版）

《音乐教育学导引》（2004 年上海音乐出版社出版）

其中，作者在《走进音乐》一书中，首创了"音乐鉴赏水平的整体训练与评估方法"和"音乐分析与音乐鉴赏教学法"；《音乐分析》是作者多年来教学实践成果的总结，又是他的音乐教育理念的集中体现；而《音乐

谢嘉幸

的语境———一种音乐解释学视域》则是一部运用当代解释学原理来重新建构音乐意义的力作。

在教学上，学生们认为谢嘉幸老师"讲课风格生动、活泼、风趣、幽默，给人以轻松感。这是音乐和老师讲课风格的完美结合。"

2007 年 5 月 8 日，谢嘉幸为父亲谢旭的诗文歌曲集《遥远的歌》作序《为了那遥远的歌》，文中深情地回忆父亲谢旭、母亲胡朗对自己的教诲："如果说父亲是用故事将我带入诗意的人生，那么母亲则是用歌声将我引入音乐的殿堂。"这个音乐家庭是如此的温馨："晚上是首届'银城之春'音乐会，我第一次登台独奏钢琴曲《牧童短笛》，那年我 7 岁。但我发着烧，趴在一位姐姐的背上去演出……"（见谢旭编著的《遥远的歌》，香港威雅出版贸易公司 2007 年 6 月出版）

鼓浪屿姑娘李小莹，在厦门市音乐学校学习后，就读北京师范大学音乐教育专业，2008 年，考取中国音乐学院博士生，成为谢嘉幸教授的门生。

谢旭于 1921 年出生于菲律宾，5 岁时随长辈定居鼓浪屿。1940 年，谢旭、胡朗均考入重庆国立音乐院（中央音乐学院前身），由"音乐缘"而结为伉俪。1946 年，夫妻俩辗转回到厦门，其间也曾到台湾任教。

谢旭、胡朗是资深的音乐教育家、指挥家、歌唱家，在厦门市、台湾省任教期间，培养了大批音乐人才，创作了许多歌曲，写了大量诗文，出版了专著《遥远的歌》。他们的儿孙们也有很多音乐人才。女儿谢嘉陵是音乐教师；儿子谢嘉幸是中国音乐学院音乐研究所所长、教授、博士生导师，创办了音乐教育系，发表许多论文，出版多部论著，2006 年获得"北京拔尖人才奖"，并以访问学者的身份赴美国讲授"中美音乐教育比较"等课程。大外

谢旭、胡朗全家福（1964年春节）

孙女郭菱毕业于厦门大学音乐系，潜心于钢琴艺术；二外孙女郭芸毕业于上海音乐学院钢琴系，现在中国音乐学院钢琴教研室任教并兼附中部钢琴教研室主任，她的丈夫张维毕业于上海音乐学院钢琴系，现在中国音乐学院钢琴教研室任副主任。他们最小的孙女谢谢，在中国科技大学附中读书时，于1995年，作为北京小钢琴家代表，赴澳大利亚交流演出。他们全家19人，共有10台钢琴，可谓"钢琴世家"、"音乐世家"。中共中央政治局常委宋平观看了谢旭家庭音乐会后，称赞他们一家是幸福、和谐的音乐家庭，并同他们全家合影留念。

彭一万 著

19. 英华中学出身的两位台湾作曲家——姚赞福、曾仲影

姚赞福（1908—1974 年），原籍台湾彰化，其父姚再明，从德国传教士学习眼科医术，成为基督教家庭。姚赞福 14 岁到鼓浪屿英华书院就读（1924 年改名为英华中学），毕业后返台入台湾神学院，萌发对音乐的强烈兴趣。1933 年，他辞去牧师神职，进入古伦美亚唱片公司，负责作曲及培训歌手，后又转入胜利唱片公司，写了不少闽南语歌曲，奠定了他在台湾流行歌坛的地位。

1935 年，姚赞福写了《心酸酸》（陈达儒词），成为他的成名曲。此歌情调哀怨，反映出日据时代在异族的统治下，男人被迫充当军夫，抛家别子，妇女无奈又怨恨的心情。他曾为牧师，经常与中下层劳苦大众相处，又在鼓浪屿、香港生活过，使作品更富有中国音乐特色和台湾民俗气息，更多地表现了下层民众的艰辛生活和对日本统治下的殖民地生活的哀怨。如泣如诉的《心酸酸》，深受歌仔戏"哭调仔"的影响，词每段 4 句，每句 7 言，是总共 28 字的情歌标准范式；曲有 4 个乐段，16 小节旋律，每 7 言配合 4 个小节，天衣无缝，丝丝入扣。据说此歌并非事先合作，而是词曲各写各的，尔后凑合在一起，真是可遇而不可求的机缘。

1936 年写的《悲恋的酒杯》（陈达儒作词），与《心酸酸》一样，曲调哀怨至极，具有歌仔戏"哭调仔"的特色，因而被统称为"新式哭调仔"。此歌在台湾光复后，被改填为普通话歌词，更名为《苦酒满杯》（慎芝改词），风靡全台湾，1966 年制作唱片，在台湾的销售量达 176000 多张，在其他地方卖了 13 万多张，创下了流行新曲的记录。姚赞福谱曲的《秋夜曲》则为歌仔戏所吸收，成为歌仔戏普遍使用的曲调。他的其他作品，如《恋爱列车》、《终身恨》（均陈君玉作词）、《窗边雨》、《黄昏城》（均陈达儒作词）等，由于深深地探入民众的内心，让人们能以歌唱畅快地抒发感

情，所以深受欢迎。他在创作实践中，逐渐离开"圣诗"曲风，摸索出创作的新方向，为自己在台湾歌坛争得了一席之地——台湾闽南语流行歌曲初创时期的代表性人物之一。

他有8个子女，经济困难，无力抚养，只好将孩子送到孤儿院，自己到矿坑工作，维持生计。晚年穷困潦倒，病逝时连丧葬费用都要由歌星赞助，始得入葬淡水基督教书院墓地。

曾仲影（1924— ），厦门人，小时候就读于兢存小学，跳过初中就读英华中学，学校的音乐课与教堂的唱诗班活动，让他接触了不少古典音乐和乐器，而他又具有绝佳的音乐天赋；高中时，他的散文《冬夜》在《全闽日报》上发表，激发了他的写作热情；他兴趣绘画，油画、水彩、素描无一不通，又学会摄影、洗像的技术。这些，为他奠定了日后从事影剧、音乐事业的坚实基础。1942—1946年就读于内迁长汀的厦门大学历史系，1946年毕业后，到了台湾，以一口标准的厦门口音，担任台湾广播电台播音员，但却因1947年"二二八"事件被捕入狱。出狱后，先后在"海风"、"海家班"、"星月"等剧团任乐师，接着与友人共同组织以古装歌舞为特色的"白兰新剧团"，开始从事舞台剧的导演工作，并为闽南语影片写作抒情新歌，进行开拓性的艺术创作。

曾仲影是一位会编剧、能导演、善弹唱、懂写词、可作曲的艺术全才。20世纪50年代转入电影界、60年代任职电视台，为闽南语影片和电视连续剧制作、导演、配乐和作曲，达500多部。1969年执导的闽南语电视连续剧《青春鼓王》多达160集，创下台湾电视史记录。1983年执导的影片《风雨中的燕子》被选赴欧洲16个国家巡回放映。他创作的歌曲，如《蓝色的梦》、《一颗流星》（《青春鼓王》主题曲）、《仙乡岁月》（《蛇美人》插曲）等至今还在流传。从20世纪60年代以来，他先后创作了包括曲风抒情的《西工调》（又称"师公调"）、《巫山风云》、《相依为命》、《游潭》、《庆中秋》等200多首俗称"变调仔"的歌仔戏新调，其特色是将原有传统的曲牌，充实和声、配器，注入"分部"概念，结合西洋音乐元素重新编曲。他成为歌仔戏音乐的改革先锋和主要推手，在台湾被誉为"艺界奇葩"、"新调教父"、"歌仔调大师"、"歌仔戏音乐革命家"。

从剧团、电影到电视、多媒体，曾仲影在艺术界走过的路，具体入微地纪录了台湾音乐、戏曲、影视文化发展的轨迹。目前，台湾歌仔戏最频繁使用的新调，均吸收部分民间歌谣改编、创作而成，超过2/3出自他的手笔；他还融合爵士、黄梅、绍兴曲调，采用管弦配乐的手法，这也深深地影响了后来的作曲者们。曾仲影在歌仔戏发展史上具有里程碑式的地位，这是毋庸置疑的。台湾当局"文建会"，专门为他的音乐创作和艺术实践，举办了研讨会，出版了作品集。

大陆改革开放以来，曾仲影频繁穿梭于台海两岸，进行文化艺术交流，热情协助闽南歌仔戏剧团赴台演出，并多次参加厦门市闽南文化研究会举办的学术、艺术活动。2006年、2008年，厦门市举办第一届、第二届闽南语原创歌曲大赛，曾仲影均作为台湾专家代表参加评委组。他建议厦门要吸取台湾的经验和教训，在充分吸收外来文化精髓的时候，更要注重本土文化的繁荣，厦门应该有自己创作的优秀闽南语歌曲。

20. 鼓浪屿走出两位歌词家——马寒冰、莫耶

马寒冰(1916—1957年)，原名马国良，先祖为回族，元明间避难于现海沧霞阳村马厝，融入汉族。马寒冰1916年8月出生于缅甸勃生城，12岁随父定居鼓浪屿，入英华中学读书（据说也曾在双十中学商业科读过），开始在厦门《星岛日报》、《华侨日报》上发表文章。他文思敏捷，才华横溢，著名资深记者苏祖德曾赠他一首诗，诗中写道："龙山才俊知多少，见说白眉气最扬。"龙山

指鼓浪屿龙头山，马寒冰家住龙头路；白眉取自《三国志》"马家五常，白眉最良"的典故。1932年，他到上海沪江大学读书。这些经历给他打下了很好的英文基础。

1936年大学毕业返厦，参加文化界的各种活动，组织"天竹文艺社"，在《华侨日报》上编《天竹》副刊，出版《天竹》月刊，对抗日文化运动产生了一定的影响。1936年11月29日，厦门文化界举行鲁迅先生追悼大会，马寒冰是发起人之一。会后，他写了《伟大的民众祭》一文，记述追悼会盛况，被收入1937年鲁迅先生纪念委员会出版的《鲁迅先生纪念集》。1936年12月30日，著名作家郁达夫抵厦，马寒冰和赵家欣参加接待，并随广恰法师陪同郁达夫游览日光岩，访晤弘一法师。郁达夫在厦门青年会作《世界动态与中国》的专题演讲，由马寒冰和赵家欣作纪录。会后，他们还与郑子瑜一起访问郁达夫，与之进行长谈，并合影留念。马寒冰在鼓浪屿寓所的书房，是一处"文艺沙龙"，厦门的童晴岚、漳州的彭冲等，都是座上宾。马寒冰还与童晴岚、陈亚莹、陈鹭涛等人，一起开展厦门的新诗活动。

1937年5月，马寒冰到了缅甸，任英文版《仰光日报》副刊编辑，把副刊《波光》、《文艺》办得有声有色，不久受聘为《兴商日报》总编辑。"七七事变"后，他以该报战地记者的身份，到了当时的抗战中心武汉，并很快辗转到延安，进入陕北公学，1938年1月加入中国共产党。

不久，他到王震领导的359旅当秘书，随军南征北战，任过王震部队的后勤部长、宣传部长。部队进军新疆，他担任新疆军区宣传部长兼文化部长、中共中央新疆分局副秘书长，作出了很大成绩。除了出版文艺刊物外，还组织抢救、搜集、整理维吾尔族古典音乐套曲《十二姆卡木》，他创作的《边疆战士大合唱》、《戈壁滩上盖花园》到处传唱。尤其是《边疆战士大合唱》中的第3首《新疆好》以及《我骑着马儿过草原》等歌曲更是脍炙人口，在国内外流传甚广，一直是各艺术团体的保留节目。马寒冰便被人们亲昵地戏称为"马儿"。请听《我骑着马儿过草原》：

　　我骑着马儿过草原，

　　清清的河水蓝蓝的天，

　　牛羊肥壮驼铃响，

　　远处的工厂冒青烟……

　　再听听《新疆好》：

　　我们新疆好地方啊，

　　天山南北好牧场，

　　戈壁沙滩变良田，

　　积雪溶化灌农庄。

　　麦穗金黄稻花香啊，

　　风吹草低见牛羊，

　　葡萄瓜果甜又甜，

　　煤铁金银遍地藏。

　　我们美丽的田园，

　　我们可爱的家乡……

　　1954年"九三"炮击金门时，马寒冰曾率团到福建，顺道到霞阳老家探望了母亲曾彩云。1957年6月28日，马寒冰死于冤错案，1983年平反。他短暂的一生，创作了许多作品，特别是优秀歌曲，1988年《马寒冰文集》出版。

　　莫耶（1918—1986年）原名陈淑媛，笔名白冰、椰子、沙岛，原籍安溪，父亲陈铮是缅甸归侨。莫耶从小聪颖好学，10岁时与大哥赛诗，即景吟出"春日景色新，行到山中亭；亭中真清朗，风吹野花馨"，被乡人誉为才女。1932年，莫耶随父定居于鼓浪屿，就读于慈勤女子中学。在上学期间，她的散文习作《我的故乡》，被国文老师推荐在《厦门日报》上发表，由此引发她的写作热情，开始向上海《女子月刊》投稿，作品多被采用。她看到当时社会上种种不公平的现象，非常气愤，1933 年 8 月 14 日，这位才 15 岁的女中学生，写了《无声的期望》一诗，预示"这灰色的宇宙呀！将要经过一番洗刷，一番重整"。她的国文老师陈海天发现她的写作才华和激进思想，便于 1933 年 11 月"闽变"发生后，组织她及几个同学创办《火星》旬刊，创刊号上发表了莫耶的小说《黄包车夫》。刊物藏在莫耶家中，她的父亲发现后，与莫耶发生冲突，关系紧张。1934 年秋，莫耶在母亲和大哥的帮助下，离家出走，到上海《女子月刊》社当校对、编辑，后来一度任主编。

1936 年，上海女子书店的《女子文库》出版了莫耶的第一部著作《晚饭之前》（独幕话剧），署名陈白冰。《女子月刊》还以莫耶的照片为封面，称她为"善写诗歌、剧本的女作家"。莫耶在上海期间，常与左翼作家、著名电影导演蔡楚生（1906—1968 年）等人接触，并深入工厂了解女工生活，写出一批宣传妇女解放的诗歌、小说、剧本，在《女子月刊》上发表。

抗战爆发后，莫耶在中共上海地下党领导的救亡演剧第五队任编辑，写了抗日救亡剧作《学者》。1937 年 10 月，19 岁的莫耶随队到达延安。此时，她开始使用笔名"莫耶"，意寓《搜神记》及鲁迅小说《铸剑》中那锋利的宝剑名（莫邪）。随后，她进入抗日军政大学学习。1938 年春夏，她进入鲁迅艺术学院戏剧系、文学系学习。在"鲁艺"学习期间，她创作了歌词《歌颂延安》，中共中央宣传部征得她的同意，更名为《延安颂》，由"鲁艺"音乐系郑律成谱曲，在延安礼堂为毛泽东等中央领导人演出，博得中央领导的肯定和称赞。于是，《延安颂》的歌声响彻延安城，传遍各个抗日根据地，甚至传到海内外，成为一曲激发抗日爱国热情的战歌，被誉为中国现代歌曲中第一首颂歌，十大经典抗战歌曲之一。1950年，莫耶任西北军区《人民军队报》总编辑，同年，加入中国共产党。

但莫耶也因为自己的一篇小说《丽萍的烦恼》而蒙受冤情，受审查，遭批斗，关禁闭，《延安颂》长期只有歌词而无歌词作者名，直至1979年才得到彻底平反，恢复名誉，出任甘肃省文联副主席，重新提笔，创作了大量作品。她这时萌生了一个念头，想在有生之年，落叶归根，尽快回来为家乡的父老乡亲服务几年，后因心脏病住院治疗而未能如愿。

解放后，莫耶两次回到鼓浪屿。1980年8月1日写于兰州的《啊！鼓浪屿》一文，就深情地回忆起这两次返乡之旅：

在60年代初期，我带着孩子们，回福建探亲过春节，又踏上美丽的小岛鼓浪屿。我以深深眷念的心情，循着少年时代的足迹，去看了我的母校慈勤女中，校舍依旧，人事已非。我走着，走着，三十年前的一切，仿佛历历在目。

几十年后我重游鼓浪屿，使我感奋不已的是，解放前所谓"万国租界"的鼓浪屿，已经洗去满身屈辱，回归人民的怀抱。……更使我感奋不已的是，今天的鼓浪屿，已成为联结中外人民友谊的纽带。……鼓浪屿呵！你也在为祖国的四个现代化，作出自己的特殊贡献。

1986年5月7日5时56分，莫耶在迷糊中，喃喃地吟唱着《延安颂》：

夕阳辉耀着山头的塔影，
月色映照着河边的流萤，
春风吹遍了坦平的原野，
群山结成了坚固的围屏。
呵，延安！
你这庄严雄伟的古城，
到处传遍了抗战的歌声；

呵，延安！
你这庄严雄伟的古城，
热血在你胸中奔腾。

千万颗青年的心，
埋藏着对敌人的仇恨，
在山野田间长长的行列，
结成了坚固的阵线。
看！群众已抬起了头，
看！群众已扬起了手，
无数的人和无数的心，
发出了对敌人的怒吼；
士兵瞄准了枪口，
准备和敌人搏斗。

啊，延安！
你这庄严雄伟的城墙，
筑成坚固的抗敌的阵线，
你的名字将万古流芳，
在历史上灿烂辉煌！

她还没有唱完，就走尽了生命的征程。著名作家杜鹏程说："莫耶的一生，就是一部小说。"

上述两位著名作家，尽管写了好多作品，形式多种多样，但，知名度、美誉度最高的，还是他们的歌词作品：《新疆好》、《延安颂》……

第三章

鼓浪屿音乐家庭

鼓浪屿先后有近百个音乐家庭，介绍一部分如下：

1. 杜守达家

杜守达曾任武汉歌舞剧院首席小提琴演奏家，多次出国演出；其夫人李若梨为印尼归侨、钢琴家，在武汉歌舞剧院任职。1959年、1961年他俩先后回到鼓浪屿，从事小提琴和钢琴的教学工作，培养了一大批音乐人才。1979年，他们全家移居香港。

他们的儿子杜俊良，1980年考入美国茱丽娅音乐学院小提琴演奏系，1986年毕业后加盟西雅图交响乐团，常以独奏家的身份参与该团交响音乐演奏会，并兼任华盛顿CCB室内乐组织艺术总监，被誉为美国当代青年小提琴家之一。国际舆论对他的演奏评价很高，"非凡的演奏技巧，热情奔放，陶醉迷人"，"具有成为世界小提琴家的潜力"。他曾多次回国演出。2009年11月间，杜守达和杜俊良回鼓浪屿探亲，这是阔别30多年后，杜俊良首次返乡。杜俊良表示，他现在最大的心愿是能在厦门举办一场音乐会，并参与厦门的古典音乐教育工作，办大师班，培养孩子们对古典音乐的兴趣。他回忆起自己在鼓浪屿度过的学习音乐的童年：每天午睡后的第一件事就是听俄罗斯著名小提琴家奥伊斯特拉赫、科刚等人的唱片，因为听到最好的音乐后，练琴才有追求的目标。上世纪俄罗斯著名小提琴家的演奏水准，至今仍是小提琴演奏最高峰的代表。因此，他建议现在学琴的孩子们还是要去找那个时期的唱片。他还认为，高度商业化使演奏家疲于奔命，会缩短演奏家的演奏寿命。他自己一定要在精神、体力各方面最佳的状态下才上台演出，对观众高度负责。

2. 洪永明家

洪永明1937年毕业于日本东京帝国音乐学院钢琴系，长期从事钢琴教育及演奏工作，1992年逝世。他的三个儿子都跟他学过钢琴。大儿子洪昶于1957年考入中央音乐学院钢琴系，二儿子洪升、三儿子洪智均擅长钢琴演奏，经常参加演出。

3. 郑约惠家

郑约惠是园艺学家，是鼓浪屿合唱团骨干，曾举办个人独唱音乐会；其夫人阮鸣凤是中学音乐教员，三儿子郑兴三是厦门大学艺术教育学院音乐系副教授。阮鸣凤和孙女的钢琴四手联奏，深受中外宾客好评。他们家收藏了2000盒"世界名曲"音像带和光盘，经常举行家庭音乐会。前美国驻华大使恒安石及美国、英国、日本、澳大利亚等国家来华访问的友好人士，也曾光临过他们的家庭音乐会。郑约惠于2009年7月30日辞世，享年88岁。

4. 龚鼎铭家

龚鼎铭是厦门二中退休的音乐、美术老师，自小能歌善画，年轻时受到表兄林克恭（林尔嘉第六子，中国早期著名的留欧油画家、小提琴家）的影响，擅长弹奏吉他、中提琴，曾任三一堂歌颂团指挥和鼓浪屿合唱团指挥。大儿子龚万垣原系厦门歌舞剧团小提琴演奏员，1997年赴美国攻读音乐。

5. 廖永廉家

廖永廉是著名外科医生，业余时间练就一手大提琴演奏技巧，过去经常与鼓浪屿钢琴家丁嘉德、小提琴家蔡苍泽一起合作，演奏"三重奏"，受到好评。夫人陈锦彩擅长女中音，曾任鼓浪屿合唱团副团长。儿媳妇陈静璇是广州乐团钢琴演奏员，孙子廖宁从小弹钢琴，多次在家中为外宾演奏贝多芬奏鸣曲，受到热烈欢迎。

6. 郑毅训家

郑毅训、朱未夫妇均为20世纪60年代上海音乐学院毕业生，从事音乐工作30多年。他们的两个女儿也毕业于上海音乐学院，现从事音乐和艺术教育工作。

7. 黄家三姐弟

大姐黄佩纯、丈夫尹昌茂，他们的女儿尹雪菁、尹雪萍先后毕业于集美大学音乐系，从事专业或业余音乐工作。

二姐黄佩茹，儿子何滨、女儿何晓娟自小喜爱钢琴、小提琴，相继毕业于厦门大学音乐系，任音乐老师或音乐活动骨干。

弟弟黄孕西，儿子黄哲威在中、小学时就在省市钢琴比赛中多次获奖。

三姐弟全家都是音乐爱好者，20世纪80年代举办家庭音乐会，引起港、澳、台及国外新闻媒体的关注，香港、台湾的电视台专程到鼓浪屿拍摄"黄家三姐弟家庭音乐会"。美国世界著名钢琴家丹顿在鼓浪屿听了他们的音乐会，激动地说："我来中国多次了，但还是第一次参加这样和谐的家庭音乐会，听到了中国人民幸福的琴声与歌声，格外高兴，音乐把中美人民的心连结在一起。"

8. 林寿源家

林寿源、王以梅夫妇是厦门市外国语学校和双十中学的退休教师。王以梅老师从事音乐教育工作 20 多年，培养了许多音乐幼苗。夫妇俩于 1996 年代表厦门市参加全国老人歌咏比赛获奖，引起首都观众的关注。他们的女儿林静也是专业音乐教师。他们的家庭音乐会，深受中外宾客和中央、省、市有关领导的好评。他们全家演唱的《鼓浪屿之波》成为鼓浪屿风光片的"保留节目"。2001 年 5 月，中央电视台专门到他们家中，直播家庭音乐会实况。

9. 张欣宁、张志玮家

这是一个目前活跃于中央音乐学院附中的特殊的鼓浪屿音乐家庭。

张欣宁、张志玮姐弟的爷爷是牧师，奶奶、父母都是音乐爱好者，并成为他们的启蒙老师。

张欣宁 4 岁随父学习钢琴，1978 年考入中央音乐学院附小，1986 年以优异成绩毕业升入中央音乐学院钢琴系，1990 年 7 月毕业，任教于学院附中钢琴学科，1997 年 9 月获美国西北大学音乐学院钢琴表演硕士文凭，1998 年 3 月回国在母校继续任教，1999 年被破格评为副教授。她多次在国内外成功地举办钢琴演奏会，或带领学生参加国际钢琴比赛，均获得良好成绩。

张欣宁的弟弟张志玮与其姐姐几乎有同样的经历，2008 年获钢琴硕士学位。现在，张欣宁、张志玮及其夫人陈曼春，都是中央音乐学院附中钢琴学科的副教授。2004年10月，他们3人应邀回故乡同台演出，举办中秋节家庭音乐会。张志玮与中国电影交响乐团、厦门爱乐乐团合作演奏钢琴协奏曲，并同许多中外著名音乐家合作演奏室内乐作品，赢得了广泛的赞誉。2007年9月，陈曼春还荣获在鼓浪屿举行的第二届中国音乐"金钟奖"青年二组（26～35岁）金奖。

10. 程凤诗家

程凤诗、吴佩茹夫妇均为小提琴演奏家，留美硕士，是厦门市音乐学校副教授，吴佩茹还任过副校长。他们培养了一批小提琴学生，有的以优异成绩考上音乐学院，有的在国内外比赛中获得大奖。他们的两个儿子均为音乐学院高才生，大儿子程华威赴美攻读小提琴专业，获博士学位；二儿子程威维在中国交响乐团任第一小提琴演奏员。他们一家堪称"小提琴之家"。

11. 辜绿芙、辜绿蓉家

辜绿芙、辜绿蓉两姐妹都是教育工作者、音乐爱好者。辜绿芙的儿子陈罡专攻小提琴，多次在全国、省、市比赛中获奖。辜绿蓉的女儿方思特在厦门市音乐学校毕业后，进入大学音乐系学习，现在鼓浪屿风琴博物馆工作。姐弟俩多次举办家庭音乐会，受到中央领导胡锦涛、朱镕基、王兆国、吴仪等的好评。

12. 吕振海家

吕振海、寿梅夫妇均毕业于上海音乐学院，现任厦门市音乐学校高级讲师，教授钢琴。其女儿吕奕书在上海音乐学院攻读西方音乐理论，毕业后留校任教。他们一家堪称"钢琴之家"。

13．黄伟廉家

黄伟廉、蔡鹭菁夫妇为厦门市音乐学校小提琴与声乐课教师。黄伟廉曾多次与姐夫卓载欣、外甥卓贤举办家庭音乐会。

黄伟廉、蔡鹭菁的女儿黄茜卡，1990年出生于鼓浪屿，也是厦门市音乐学校小提琴专业学生。她4岁学习钢琴，5岁开始学习小提琴，6岁即登台表演小提琴独奏。在厦门市音乐学校学习期间，她师从吴佩茹、林应龙老师，并长期得到我国著名小提琴家、音乐教育家郑石生教授的指导。她曾多次参赛获奖，1998年荣获第四届全国少儿"珠江杯"小提琴比赛三等奖，2000年获得福建省音乐舞蹈节小提琴比赛少儿组金奖。2001年，她以优异成绩考入上海音乐学院附小小提琴专业。15岁时，她在鼓浪屿音乐厅和上海音乐学院举行个人独奏音乐会，世界著名小提琴家美岛利听了她的演奏，称赞她乐感丰富，技术全面，"连顿弓简直不可思议"。2008年4月，作为上海音乐学院附中高二年学生的黄茜卡，以总分第一名的成绩，被美国柯本音乐学院录取，成为这所美国西海岸最著名的音乐学府当年招收的唯一一名中国学生，也是这所学院弦乐系主任、海菲兹的传人、杰出小提琴教育家利普塞特罗伯特教授年龄最小的学生，破例从高二年进入大学本科、大师班，直接攻读演奏家文凭。这所学院全朝演奏方向发展，被选中录取的学生，可享受全额奖学金，学院还提供生活费和条件优越的宿舍。2008年10月23日，她应邀前往美国洛杉矶大学举办小提琴独奏音乐会。7月30日，她特地先回到故乡，在鼓浪屿音乐厅举办"涛声琴韵·黄茜卡小提琴独奏音乐会"，向故乡的亲人作一次汇报演出。她为听众表演了维尼亚夫斯基"现代学派超技随想曲之连顿弓"，快如流星的连顿弓绝技令人惊叹不已。

黄伟廉家举办的家庭音乐会，多次受到中外来宾的赞扬，美国《纽约时报》、福建电视台，曾报道其家庭音乐生活的温馨场面。

14. 卓载欣家

鼓浪屿卓家是鼓浪屿的望族，出了许多名人，卓全成、卓绵成妇孺皆知。卓全成的长孙卓载欣，原为福建省歌舞团大提琴演奏员，现为音乐老师。他的儿子卓贤，在厦门市音乐学校大提琴专业学习，1997年考入上海音乐学院附中大提琴专业，2000年参加第四届全国大提琴比赛，获得少年组第一名，《音乐周报》以"鹭岛神童"报道他的成绩。2001年，卓贤又获上海音乐节优秀演员奖，现在美国南加州大学攻读艺术学博士学位。

卓绵成的养女卓一龙也是著名的钢琴家。

15. 庄德昆家

庄德昆1950年10月1日出生于鼓浪屿一个普通基督教家庭，从小向父亲学习吹笛子、拉二胡。胞姐庄德华从小与小提琴结下不解之缘，后来考上中央音乐学院附中管弦乐系小提琴专业，毕业后分配到北京京剧团工作，现定居新加坡。庄德昆向胞姐学习小提琴，但对声乐特别兴趣。"文革"期间，他自费到北京中央音乐学院进修声乐，1970年考入福建省歌舞团，成为专业的男高音独唱演员；1975年参加在北京举行的全国首届"独唱独奏重唱重奏"调演，获得男高音最高荣誉奖，多次参加国家重要庆典演出。1980年，他考入中央音乐学院声乐进修班，师从沈湘、吴天球教授。1981年在北京举行个人独唱音乐会。1988年，他被引进厦门烟草系统工会工作，1991年获得全国烟草系统文艺会演比赛声乐第一名。2002 年，他作词、作曲的歌曲《故乡，鼓浪屿》获得福建省"五个一工程"歌曲创作奖，中国原创歌曲福建赛区十佳金奖。2008 年 7 月，他作为厦门合唱团的声乐指导，随团前往奥地利格拉茨参加第五届世界合唱节，取得了金奖银牌的成绩。庄德昆也因出色表现获得好评。

庄德昆是国家一级演员，中国音乐家协会会员，福建省音乐家协会声乐专业委员会副主任，厦门市音乐家协会副主席，厦门大学嘉庚学院音乐系兼职声乐教授。

他的两位女儿，一位从事摄影艺术，一位从事钢琴艺术，他们经常举办家庭音乐会。

16. 苏鹭健家

苏鹭健一家不仅爱好音乐，还对音乐事业作出奉献，为鼓浪屿与厦门市音乐学校捐款。苏鹭健的女儿苏帆从厦门市音乐学校毕业后，考上上海音乐学院小提琴专业，现在华东师范大学音乐系任教；苏帆的表姐翁怡1999年考入上海音乐学院钢琴系，表兄弟李岳、陈立也在音乐学校读钢琴、小提琴专业，老奶奶是鼓浪屿老人合唱团团员。家里举办过多次家庭音乐会。

17. 吴晓平家

吴晓平、黄巧蓉夫妇分别在厦门市音乐学校、厦门二中任音乐老师，儿子在音乐学校读钢琴专业。夫妇俩为鼓浪屿合唱团荣获厦门市合唱比赛八连冠立下汗马功劳。2006 年，吴晓平指挥女声合唱团，获得第四届世界合唱比赛银奖，2007 年，吴晓平指挥的鼓浪屿合唱团与音乐学校合唱团赴北京参加第五届国际合唱节，双双获得银奖。2008 年 7 月，吴晓平任指挥的厦门合唱团，参加在奥地利格拉茨举办的第五届世界合唱比赛，获得金奖银牌。

鼓浪屿的音乐家庭，经常给外来游客带来一阵惊喜。请听诗人魏道劲《鼓岛小巷行》的吟唱：

听随径曲路非平，着意寻幽小巷行。

藤壁苔墙添雅趣，回廊琉瓦见风情。

须榕绿暗三春雨，凤木红酣六月晴。

疑入仙乡车马绝，谁家小院响琴声？

诗人何丙仲《春夜鼓岛家庭音乐会》（选四）细腻地描绘了钢琴弹奏的曲目：

"月光"如水透窗纱，此是寻常百姓家。

音乐岛中明月夜，"春之声"伴一簾花。

萧邦巴赫各纷披，挟梦弹来不自持。

仿佛春江花月夜，中宵风露立多时。

邻家少女纤纤手，一奏居然德彪西。

键上狂飙惊四座，有人知是无标题。

一堂丝竹钢琴好，三代能弹"爱丽斯"。

赢得大家齐拍手，座中老外更称奇。

为了让这些温馨的家庭音乐会能经常与游客见面，在福建路42号举办的"海天堂家庭音乐会"于2007年下半年正式推出。每周数场，由鼓浪屿优秀音乐家庭献上弦乐四重奏、轻音乐演奏、钢琴演奏，曲目有世界名曲《圣母颂》、《天鹅》、《卡门》、《波兰舞曲》，有家喻户晓的小提琴协奏曲《梁祝》、《浏阳河》、《花儿为什么这样红？》，有异国风情浓郁的《当我们年轻的时候》、《哎哟妈妈》、《纺织姑娘》，还有每场必演的保留曲目《鼓浪屿之波》、《同一首歌》等。游客还可以根据自己的爱好来挑选歌曲，音乐家庭的成员们会尽可能地满足听众的需求。

诗人陈松《鼓浪琴声》诗曰：

凭栏观海此中圆，泛荡涟漪水色妍。
浩浩长空星伴月，茫茫夏夜乐和弦。
天风遗寨岛人醉，鼓浪琴声雅韵澜。
邀约五洲迎远客，歌坛千里汇奇缘。

第四章

鼓浪屿音乐社团

1. 厦门艺术协会

厦门艺术协会成立于 1948 年 7 月 31 日，发起人林克恭。

林克恭（1900—1990 年）是林尔嘉的第六子，自幼醉心艺术，早年赴英国留学，获剑桥大学法律系法学士学位，又进入圣约翰美术学校、伦敦大学齐雷特美术学院学习美术，再到巴黎秋里安美专、瑞士日内瓦美专深造，获美术硕士学位。他的油画明净严谨，色彩优美，具有印象派特色，是中国早期赴欧学艺而成就甚大的前辈画家之一。1936 年，任厦门美术专门学校校长，他还在该校附设音乐专修科。解放前夕到台湾，任台湾美术学院院长，多次在厦门、台北、香港、英国等地举办个人画展。晚年偕其瑞士籍夫人移居美国，继续作画，蜚声国际。人们称林克恭是"一手拿画笔，一手拿琴弓"的名士。

林克恭在鼓浪屿创办厦门艺术协会，强调会员必须具备相应的音乐水准和艺术素养，所以主要是中高层知识分子。参加者有张圣才、洪永明、龚鼎铭、朱思明、颜宝玲、林桥、郑约惠等人，活动地点主要在林家别墅里。协会会徽 5 个 A 是厦门、业余、艺术、全体、协会等 5 个英文词的首字母，体现了协会宗旨。协会规定每两周举办一次文化沙龙式的家庭音乐会，其中一场音乐会在李清泉别墅举办，邀请音乐好友、会员光临。这开创了鼓浪屿家庭音乐会的一种新模式。成立之时，举办美术作品展览会和音乐会，节目有洪永明、林桥的钢琴独奏，林克恭、陈泽汉的小提琴独奏，华拉索夫人（俄罗斯人）、颜宝玲、郑美丽的女高音独唱、丘继川的男高音独唱，陈平权等的重唱……演出深受厦门、鼓浪屿音乐界及外籍音乐人士的赞扬。会员林桥，曾在上海举行钢琴独奏音乐会，由当时享有盛誉的上海工部局交响乐团伴奏，盛况空前，林桥后来担任台湾音乐学院教授。颜宝玲成为厦门著名的女高音歌唱家。协会还组织了两个小型合唱团，一个是由龚鼎铭先生指挥的三一堂教友合唱团，一个是由崔月梅女士指挥的合唱团。

该协会还热心为外来音乐家举办音乐会，如国立福建音专保加利亚籍教授尼格罗夫小提琴独奏音乐会，声乐教授陈玄、李瑛的独唱音乐会。尼格罗夫演奏巴赫、莫扎特、贝多芬等古典大师的作品和炫技派帕格尼尼等的作品，技巧好、音色美、表现力强，紧紧掌握各种不同风格作品的特点和精神，将其鲜明地表达出来。1949年7月7—8日举行的陈玄独唱音乐会，在鼓浪屿海滨旅社大礼堂举行，演唱的中外名曲有：亨罕尔名作《爱情永在》、意大利歌剧家罗西尼的《说谎者》、莫扎特的《魔笛》第二幕《教堂》等；中国名歌有应尚能、林声翕等的名作及青海、四川等地民歌如《打柴歌》、《马车夫恋歌》等。此外，还有王鼎藩小姐（国立福建音专1947级钢琴科毕业生）钢琴独奏莫扎特的《幻想曲》。1949年8月16日，该会还邀请田鸣恩教授，在鼓浪屿毓德女中礼堂举行男高音独唱音乐会，伴奏为鼓浪屿的陈纯华女士。田鸣恩原为上海国立音专教授，时任桂林艺专音乐系声乐教授，是著名的声乐家。这也许是解放前，鼓浪屿最后的一场大型音乐会了。

解放后，该会因无人负责，自行解散，虽然前后仅存在15个月，却办了不少实事。他们始终贯彻陶冶性情、提倡美育的宗旨，所组织的活动和举办的音乐会，开阔了人们的音乐、艺术视野，活跃了社会音乐生活，也为一些音乐家的成长，提供了舞台。

2. 鼓浪屿合唱团

鼓浪屿目前有 9 个合唱团，最著名的当属鼓浪屿合唱团。

鼓浪屿合唱团成立于 1958 年，由厦门二中音乐、美术老师，兼任三一堂歌颂团指挥的龚鼎铭先生担任团长兼指挥，副团长是陈锦彩女士，主要成员有：女声颜宝玲、彭永淑、张佩琪，男声温绍杰、翁文良、朱鸿模、黄祯德、郑辉升等，全团有 50 多人。

合唱团曾经排练并演出 7 首歌组成的《红军根据地大合唱》（金帆词，瞿希贤曲）以及《春天大合唱》，气势磅礴，倾倒了厦鼓听众。他们还排演了无伴奏合唱《半个月亮爬上来》等歌曲，著名作家周而复听了都啧啧称赞，认为鼓浪屿合唱团的演唱技巧不亚于专业团队的水平。

1962 年初，为配合纪念民族英雄郑成功收复台湾 300 周年，该团排练并演出了歌颂郑成功的组歌《还我河山》（王尚政词，杨扬曲）。演出后，受到广大听众的好评。

1980 年，鼓浪屿合唱团在中断了 10 几年后，又重新组织起来了。鼓浪屿音乐界知名人士殷承典、郑毅训、庄德昆、阮鸣凤、胡朗、谢嘉陵、黄志远、崔荷生、林寿源、王玉梅、寿梅、吴晓平等，都积极参与。该团排练、演出过《黄河大合唱》、《蓝色多瑙河》、《祖国颂》、《哈利路亚》、《让世界赞美你——祖国》、《忆秦娥·娄山关》、《鼓浪屿之波》等中外合唱名曲。在厦门市重大演出中，多次担任主角；在省市音乐比赛中，多次获得奖项。从1982 年起，厦门市音乐学校吴晓平老师担任鼓浪屿合唱团指挥，取得了很多佳绩，在厦门市历届合唱比赛中，获得"八连冠"。

2000 年 7 月，鼓浪屿合唱团 80 多位团员，冒着酷暑，到北京参加第五届中国国际合唱节，演唱了《哈利路亚》、《忆秦娥·娄山关》、《鼓浪屿之波》等 3 首歌曲，荣获银奖。2001 年，该团男声合唱《出发》获得福建省文艺调演金奖。吴晓平还指挥女声合唱团，获得 2006 年的第四届世界合唱比赛银奖，并于 2008 年 7 月，与男声合唱团一道，组成厦门合唱团，赴奥地利格拉茨，参加第五届世界合唱比赛，获得金奖银牌。

鼓浪屿合唱团已经形成了自己的艺术风格与特色，这与大家的努力，也与得到我国合唱界泰斗马革顺教授、国家一级指挥赖广益、李金声教授等的指导分不开。著名作曲家、《鼓浪屿之波》作曲者钟立民先生就曾经亲自指挥鼓浪屿合唱团演唱《鼓浪屿之波》。

3. 厦门爱乐乐团

厦门爱乐乐团是目前中国唯一以"民办公助"形式运作的职业交响乐团，1998 年 9 月 8 日成立于鼓浪屿，实行艺术总监制，由厦门市领导邀请郑小瑛教授任艺术总监。2001 年，乐团在厦门市民政局登记为"非企业文化类民营单位"，接受厦门市、鼓浪屿区政府、福建电力公司和社会企业的支持。

乐团的宗旨是建立和发展厦门的交响乐事业，丰富群众文化生活，弘扬民族音乐事业，培养、锻炼新人，促进国际文化交流。在管理体制上，实行能体现按艺术规律办团的艺术总监负责制，实行不占国家编制、人才可以流动的全员聘任制，实行根据实力定岗位、按照劳动定津贴的分配方式，因而能够吸引五湖四海优秀乐手踊跃应聘；乐团不一味追求经济效益、而是以逐步培养交响乐听众、提升厦门市民音乐修养的"阳春白雪，和者日众"为奋斗目标。

厦门爱乐乐团在鼓浪屿音乐厅举行首演时，由郑小瑛教授指挥演奏了莫扎特的《费加罗的婚礼》序曲、舞剧《白毛女》组曲、小提琴协奏曲《梁祝》（俞丽拿独奏）和贝多芬的《第六田园交响曲》等，中央领导吴仪等出席了音乐会，给予了亲切的关怀。

　　乐团实行"音乐季"制度，每星期五晚上举行定期的"周末交响"音乐会，而且坚持边演出、边讲解的"郑小瑛模式"，以培养听众。乐团主动关心青少年文化素质的提高，每年为学生举办 10 场免费音乐会，还经常到各地进行巡回演出，在从没有听过交响乐的"八闽大地"播撒"爱乐"的种子，大力推动面对大众的"音乐普及工程"，所到之处，都受到听众的热烈欢迎和舆论的高度评价。

　　10 年间，厦门爱乐乐团发展到 80 余人，邀请了60 多位国内外知名的指挥家和 280 多位演奏家前来合作，通过每周的经典交响音乐会，积累了 170 多套不同的经典交响音乐会节目，演出近 800 场。乐团多次参加了鼓浪屿钢琴艺术节的表演，圆满地完成了选手

厦门爱乐乐团在柏林爱乐大厅演出

日本佐世堡百人合唱团与厦门爱乐乐团一起用客家
话高唱《土楼回响》中的"客家之歌"

们决赛时的协奏曲演奏任务。2002 年 10 月，在厦门举行
的第四届柴可夫斯基国际青少年音乐大赛中，乐团卓有
成效地承担了钢琴、小提琴、大提琴决赛的协奏任务，得
到国际评委的一致好评，荣获了厦门市人民政府颁发的
"突出贡献奖"和厦门市文化局的表彰。2003 年，在乐团
的策划推动下，厦门首次上演了由厦门的 240 位合唱团员
参与的贝多芬第九（合唱）交响乐，并高质量地完成福建
省和厦门市的各种重要演出任务。2008 年 1 月，乐团与
上海的歌唱家们合作，首次在厦门演出莫扎特的歌剧《费
加罗的婚姻》；11 月，举办了中国·厦门第一届指挥大师

班。这些重大的经典性音乐活动，大大提升了厦门城市的文明形象。

为繁荣中国交响乐事业，厦门爱乐乐团在介绍西方交响乐作品的同时，一贯注重演奏中国作曲家的交响乐新作，特别积极地演奏具有福建、厦门特色的交响乐作品。如福建作曲家吴少雄的女高音与乐队《海赋》的厦门首演，请作曲家徐振民将钟立民作曲的《鼓浪屿之波》改写成钢琴与乐队《我爱鼓浪屿》。2000 年 12 月 22 日，厦门爱乐乐团再次举办"中华魂·八闽情"福建题材交响乐作品音乐会，推出了刘爱作曲的交响诗篇《土楼回响》，刘长远作曲的第一小提琴协奏曲《诗篇——献给海沧大桥建设者》，以南音为题材的郭祖荣第七交响曲等。2006 年，乐团义务地为福建作曲家骆季超举行了艺术歌曲专场音乐会。2007 年 3 月，厦门爱乐乐团在福建会堂首演了由郑小瑛协助福建电力集团委约作曲家莫凡为女高音、男中音和乐队创作的大型组曲《光明之歌》等。

由厦门爱乐乐团策划、推动和录音，由刘湲作曲的交响诗篇《土楼回响》，于 2001 年荣获首届中国音乐"金钟奖"的唯一金奖后，乐团应全国文联之邀，携《土楼回响》和福建题材的交响乐作品，进京向党的十六大举行汇报演出，被媒体赞誉为"热心推动中国交响乐事业发展的'创造型乐团'"。2002 年 4 月，厦门爱乐乐团还带着这部作品，应邀赴日本 3 市演出，产生了轰动性效应；11 月，乐团与殷承宗赴香港，为香港厦门联谊总会成立 10 周年举行庆祝演出，并参加了上海国际艺术节，都获得盛大赞誉。

2006 年春天，乐团应邀跨海赴金门，举办了两场交响音乐会；秋天，又在台北、桃园和高雄成功地进行了台湾巡回演出，增进了两岸同胞的了解和友情。2007 年 4 月，厦门爱乐乐团赴法国巴黎、德国埃森、柏林、美茵茨、安思巴赫、斯图加特，奥地利茵斯布鲁克和意大利罗马巡回演出，取得了巨大的成功。2008 年，乐团在北京国家大剧院向首都听众汇报了建团 10 周年的成果。乐

2005年，厦门爱乐乐团在北京音乐厅首演
了刘湲的合唱诗篇《三峡回响》。

团频频携带中国经典交响乐作品进行文化交流，大大
提高了厦门和福建的知名度。

郑小瑛所创办和领导的厦门爱乐乐团，以辛勤的
劳动和诚挚的敬业精神，换来了社会的信任和认同，
被评为改革开放30年厦门十大文化品牌之一，成为
厦门的一张"烫金的城市名片"和文化交流的"形象
大使"。乐团还荣获了"福建省先进民间组织"和"厦
门市非企业民办单位自律及诚信先进单位"以及"第
三届厦门文学艺术特别荣誉奖"。国际著名华裔指挥
家董麟与乐团合作后，评价道："厦门爱乐乐团的综合
能力已经不逊于国内任何一个交响乐团了。如果说他
们的目标是国内一流的话，那他们已经达到了。"

第五章
鼓浪屿音乐艺术院校

1. 鼓浪屿艺术幼儿园

鼓浪屿艺术幼儿园创办于1998年夏，是厦门市首家公办艺术幼儿园。其宗旨是，在发展综合素质的基础上，突出艺术教育，坚持一对一辅导幼儿学习各种乐器，开设钢琴、小提琴、舞蹈、绘画等艺术启蒙教育课。校园琴声缭绕，朝气蓬勃，特色鲜明。

幼儿园经常邀请学前教育专家、学者前来讲学、指导，举行观摩研讨会，并与其他幼儿园携手开展帮扶活动。该园的钢琴、小提琴教育是强项，拥有5名专业教师，有的还是留学美国的"海归派"。

我们从建园10周年庆祝联欢会可见一斑。在小提琴奏响《鼓浪屿之波》之后，幼儿园小、中、大班的孩子们，2002届、2006届校友们，先后登台，有四手联弹《保卫黄河》、小提琴演奏《赛马》、《新疆之春》、《新春乐》，还有《娃娃鼓》、《玩具畅想曲》、《草裙舞》等歌舞，孩子们俨然是一群小演奏家、小舞蹈家。最后，孩子们、老师们、家长们、来宾们，一起高唱《生日歌》。整个会场高潮迭起，充满稚气，活拨有趣，热闹非凡，成为孩子们展示才能、遐想未来的大平台。

所以，该园被厦门市思明区列为表演游戏研讨基地，2007年1月，被厦门市教育局确认为"厦门市优质幼儿园"。现在，鼓浪屿艺术幼儿园移至厦门市槟榔西里。

在鼓浪屿艺术幼儿园创办前整整100年，鼓浪屿创办了中国第一所幼儿园，即现在的日光幼儿园。这所幼儿园虽然不冠以"艺术"之名，但艺术无处不在，整个鼓浪屿都是孩子们的课堂。20世纪80年代初，中央乐团的音乐家们来园参观，即兴为之创作了一首园歌：

> 幸福的苗苗幸福的花，
>
> 根儿长在好美好美的日光岩下……

2. 厦门市音乐学校

厦门市音乐学校创办于1990年。提起音乐学校的创办史，必须先回顾一下福建省第一个小学音乐班的创办过程。

鼓浪屿有"音乐之岛"、"钢琴之乡"的美誉，必须发挥优势，创办具有地域特色的音乐学校。1984年秋，厦门市教育局批准鼓浪屿人民小学创办音乐试验班，以发挥鼓浪屿音乐特色，培养学生音乐特长，至1990年7月，共有1—6年段各一个班，163名学生。试验班以音乐教学促进各科教改的进行，以各科教改提高学生的全面素质。如提琴专业课开设了"提琴合奏课"、"即兴创作演奏课"、"看图编曲演奏课"等，以培养学生的群体意识及创造力；文化课开设了"听音乐讲故事、写作文"、"听音乐画画"等，举行"快乐的音乐生活"班队会等，让孩子们在学习音乐之中学到文化知识，又陶冶了情趣。

音乐试验班获得了成功，为厦门市音乐学校的创办夯实了良好的基础，1990年2月23日，厦门市人民政府发文，批准以音乐班为基础，创办厦门市音乐学校，音乐班的160多位学生连同10多位老师，全部划归厦门市音乐学校。文件指出：厦门市音乐学校是一所9年制义务教育阶段的侧重于培养音乐人才的市属学校。学校完成双重任务：小学、初中的普通教育任务和钢琴或小提琴的专业基础教育任务。

厦门市音乐学校

　　学校聘请我国著名作曲家贺绿汀为名誉校长，聘请上海音乐学院管弦乐系主任、著名小提琴家郑石生教授兼任校长，著名钢琴教育家徐荣芹教授为顾问，任命殷承典为常务副校长。后来继任校长的是留德博士、著名指挥家侯润宇。

　　1992年11月27日，厦门市人民政府发文，同意该校办成12年制学校，小学阶段、中学阶段各6年，招生范围以厦门市生源为主，也可招收部分漳州、泉州、三明、龙岩的学生，校址定在鼓浪屿漳州路32号。

　　学校设在音乐之岛上，有其特殊意义；而且，从小学一年级招收学习音乐的学生，符合音乐人才宜早宜小培养的规律；学校既重视文化课，也重视专业课，将文化课摆在首位，把音乐教育作为开发少儿智力、进行美育、培养学生特长的方式和手段。学校要求学生,每人至少能演奏一种乐器。

1993 年 7 月 5 日,厦门市人民政府再次发文,同意将该校高中部,改办成厦门市音乐中等专业学校,属于普通中专性质,学制 3 年,招生列入厦门市事业发展计划。1997 年秋季起,中专部向厦门、泉州、漳州、龙岩、三明市招生,毕业证书由福建省教委验印。

至此,明确了音乐学校的主要任务是:面向国内外招生,为高等院校培养和输送具有良好音乐基础,德、智、体、美全面发展的后备生和中等专业人才。办学理念是:乐学、求新、和谐、致美。

学校设置中专、初中、小学三个教学部,开设键盘(钢琴、电钢琴、电子琴)、弦乐(小提琴、中提琴、大提琴、低音提琴)、管乐(长笛、巴松、双簧管、单簧管、小号、长号、圆号)、民乐(二胡、古筝、琵琶、扬琴、竹笛)和声乐 5 大类近 20 门音乐专业课程,同时开设基础乐理、视唱练耳、合唱、齐奏、合奏、音乐欣赏等课程。专门课实行一对一教学,文化课采取小班制(班生规模在 30 人左右)教学。

学校教育教学设施齐全,设备完善,各种办学条件达到省级标准,校园网、电子备课室、多媒体、音乐厅、专业教室、练功房、计算机室、学生公寓一应俱全。教学环境优美,教学手段先进。师资力量雄厚,中、高级职称的教师占一半以上,有一批留学归国的博士、硕士和高等学校教授任课。

为了提高教育教学质量,学校除了引进大批优质教师外,还经常聘请国内外音乐专家、学者到校讲学,指导师生演奏。学校音乐专业教师经常进行岗位大练兵,在音乐会上,钢琴、小提琴、大提琴、二胡、琵琶、古筝、长笛、声乐等各门类的 20 多位专业老师,或独奏,或合奏,或齐奏,展示了自己的专业水平。著名钢琴家、学校专业教育专家委员会顾问殷承宗当评委，现场指导。
2009年4月23日，杨波、汝漪、易骄等3位青年老师，在鼓浪屿
音乐厅举办"琴筝笛春"民乐专场音乐会，让竹笛、古筝和扬琴交
汇争鸣。扬琴曲《海峡音诗》、《瑶山夜画》，古筝曲《阿拉木·古
丽巴拉》、《溟山》，竹笛曲《幽兰逢春》、《秦川情》等，把台湾、
新疆、瑶族山寨、八百里秦川、湘西美景，用音符描绘，恍若水
墨画。而古筝曲《云裳诉》则讲述李隆基与杨贵妃之间，从恩爱
到"魂断马嵬坡"后，刻骨思念的爱情故事。

　　学生注意"实战"。2008年5月29日，2006年荣获第51届
帕格尼尼国际小提琴比赛金奖的小提琴家宁峰，与旅美著名指挥
家朱其元，到校指导学生，并即兴献艺，受到师生及学生家长的
热烈欢迎。2008年6月10日，学校邀请著名旅美指挥家齐光博士
到校指导学生管弦乐团。齐光博士对乐队的把握有独到之处，善
于从各声部细节入手，注意音色、音准的训练。经过一番点拨，
小乐手们收益非浅。2008年10月，初二年（2）班学生举行"音
乐醉美"音乐会，将全部节目编排成"成长"、"蜕变"、"升华"3
大部分，除了传统乐器、古典歌曲外，学生们在生活中喜爱的音
乐也都改头换面地搬上了舞台，表现了他们的创意和不断战胜自
我、超越自我的决心。学生们还多次参加全市、全省、全国钢琴、
小提琴、合唱比赛，屡屡获奖，出访日本、韩国、马来西亚、澳
大利亚以及港澳台地区演出，备受赞誉。2008年9月，厦门市音
乐学校管弦乐团30名师生访台，在台中市与台中双十中学管弦
乐团，联合奏响《鼓浪屿之波》。音乐学校合唱团曾获中央文化
部"蒲公英"金奖、第5届北京国际合唱节铜奖、第4届世界合
唱比赛（厦门）金奖。2009年4月13日，为纪念中美建交30周
年，音乐学校合唱团与美国洛斯阿图斯高中大街合唱团，在鼓浪
屿音乐厅联手举行合唱音乐会。音乐学校合唱团以4种语言演唱
4首歌曲：拉丁语的《圣母颂》、匈牙利语的《黄昏之歌》、汉语的

《李有松》、英语的清唱剧《弥赛亚》选段。学校教师小乐队用弦乐、小号、定音鼓模仿鸟鸣、虫叫等各种自然界的声音，生动有趣。最后，中美学生合唱《茉莉花》结束。2009年6月，学校小学部首次举行毕业公开汇演。

办学以来，中专部毕业生全部考入中央音乐学院、上海音乐学院等高等学校，一些品学兼忧、才艺双全的学生，被清华大学、北京大学、上海交通大学、南开大学、西安交通大学、厦门大学等录取。中专部毕业生黄晨星，2008年2月以全国第一名的成绩，考入上海音乐学院钢琴系本科，首创厦门考生在"音乐高考"中夺魁的奇迹。小学部女学生黄茜卡，2001年考入上海音乐学院附小，2008年4月，正在高二年学习并专攻小提琴的她，以总分第一名的成绩被美国柯本音乐学院录取。毕业生潘晓剀考上了中央音乐学院钢琴系本科、研究生，2006年12月，在哈萨克斯坦第三届国际钢琴比赛中，获得银奖。

2009年4月6日，厦门市音乐学校成为厦门大学附属学校，因为音乐学校所开设的专业，如键盘、管弦、民乐和声乐专业，与厦门大学艺术学院音乐系表演专业吻合，双方有良好的合作基础。厦门大学派出教师任音乐学校副校长，参与学校的教育管理，组织专家顾问，指导学校的整体发展规划，并在师资培训、图书资源、教学仪器设备上给予支持；音乐学校帮助厦门大学解决学生实习、教职工子女上学等问题。双方联合组织校务委员会，作为音乐学校建设和发展的咨询机构。

可以说，音乐学校开创了音乐和文化兼容教育的成功途径，在创特色、办名校、出精品、育英才的道路上高歌猛进。

3. 厦门演艺职业学院

厦门演艺职业学院是福建省人民政府批准、国家教育部备

案、具有高等学历统招资格的一所民办综合艺术学院，创办于
2002 年，校址在鼓浪屿，并在翔安区设立新校区，创办人、院长
是我国著名舞蹈教育家、原北京舞蹈学院院长吕艺生教授，副院
长是曾若虹、张桂祥和刘文英。

该院的办学宗旨是：培养适应市场需求的、知识全面的复合
型、两栖、多栖演艺人才。为此，他们树立了区别于全民所有制
国家艺术院校的全新办学理念，将自己置身于国家艺术院校的补
充地位上，努力填补国家艺术院校的原有空白，办出特色，走出
自己的道路。该院改变了传统艺术学院单一的教育制度，设置了
音乐系、舞蹈系、科艺系、戏剧影视表演系、艺术管理系等以及
下属的各个专业方向，2009 年 5 月，又创办了音乐剧系。该院的
办学理念是：

第一，培育新型人才——在新形势下，复合型人才更能适应
市场需求，更受欢迎，更有后劲。因此，该院的专业设计完全走
综合之路，比如，"表演专业"不是分设"舞蹈"、"戏剧"、"影
视"、"音乐"等小专业，而是统一在表演系内，以一项专业为主，
兼选修其他专业。这种学生可以跨影视、音乐甚至舞蹈而成为两
栖、三栖人才。在课程安排上，减少重复性内容，增加新需求内
容，教学实现少而精，扩展学生知识面。

第二，全面开发潜质——具有艺术感的青少年，大都具有多
方面的潜质，学校的任务就是着力开发这些潜质，使他们成为更
全面、更完善的艺术家。该院改变艺术生天生文化低的观念，把
文化课比例提高到50%，英语必须达标，语文（特别是写作能力）
必须达到同级普通学校的水平，下决心在提高艺术院校文化水平
上，进行一场"革命"。为此，树立并坚持"有教无类、因材施教、
快乐教学、教学相长"的观念。

第三，强化操作能力——该院突出"演艺"性质，强调课堂
与实践结合，理论与实际联系，以大量的"案例"强化学生对课

程的深度认识，鼓励跨系科、跨专业的实习合作，学以致用，学用一致。因此，在教学中淡化理论课的务虚部分，把实习、演出当作重要内容，艺术实习比重占1/3，并计算学分。科艺专业(舞台美术新概念)实行"前校后厂"体制，全校学生均需到该厂实习或勤工俭学，允许承览各种晚会的设计、制作与表演。

第四，倡导科艺结合——马克思曾经预言："自然科学与社会科学将是一门科学。"法国大作家福楼拜尔认为艺术与科学"在山下分手，又会在山顶会合"。中外许多科学家提出"科学与艺术相结合"的命题。该院的学科设置，就建立在这种理念的基础上。例如，舞台美术专业的起点，就建立在电脑技术与信息科学的基础上，运用科技手段于艺术创作之中。各学科资源共享，互相渗透，科艺结合，促使学院科技创新与文化创意两翼齐飞。

第五，树立创业观念——该院优先考虑的是毕业生是否有市场，是否有能力进入市场，是否有勇气闯入市场，是否会受到社会各界的欢迎。人才知识结构和观念将"谁要我"变为"我要谁"。这就是说，进入该院的学生，从第一天起，就要树立自己创业的观念，立下不靠神仙皇帝，专靠自己闯天下、创事业的志向。学院为此编写了《创业学》教材。

第六，建立自控体系——该院坚持"自控教育"，强化学生自己管理自己的机制，使学生能够自我设计，自我管理，自我调整，自我超越，将原来"他控"为主，改为"他控、自控相结合"，以增强学生自我意识，发挥学习主动性。学院鼓励、引导、帮助学生建立健康的社团组织，通过活动提高美好情操，锻炼自我管理能力；并通过心理咨询的方式方法对学生进行正面引导。

第七，实行现代管理——学院彻底改变计划经济所形成的管理模式，大力缩减行政机构，以精干高效为原则，实行一人多职，一专多能；提高教学设备使用率，实行弹性上班制、上课制；广泛利用社会人才，与普通学校错开放假时间；后勤工作实行社会化，学院人员集中精力办教育。

这些办学理念付诸实践，收效丰硕。7年来，学院完成了多场重大演出活动和教学实习演出，并受全国文联委托，4次派出学生赴荷兰、法国、意大利参加国际民间艺术节；2005年12月，应香港、澳门特别行政区的邀请，赴港澳演出；2006年参加文化部举办的"文化艺术院校第8届'桃李杯'舞蹈比赛"，一举拿下16个奖项；在新加坡举办的"第8届亚太地区青少年舞蹈比赛"中，获得多项第一名；2006年9月，舞蹈系老师赴台进行学术交流；2008年9月，音乐系2006级学生唐啸，参加第五届"珠江钢琴"全国高校音乐教育专业大学生基本功比赛，获得"钢琴演奏"单项第二名；2008年11月14日，学院演出院长吕艺生及作曲老师共同创作的音乐剧《铁窗歌手》，并在厦门、福州进行公演；11月20日，2006级表演和播音主持专业学生，演出话剧《暗恋桃花源》，并在厦门各高校巡回演出。

音乐剧《铁窗歌手》以现代青年的生活为题材，充分调动了音乐剧所必须的元素，包括独唱、二重唱、三重唱、四重唱、合唱等，还配合剧情编排了大量的现代舞和当代舞。剧中的《时光太短暂》《青春不再来》等几首励志歌曲，深受大学生们的喜爱。该剧集音乐剧创作与教学于一身，音乐系借助排演本剧这一载体，着力培养学生艺术表演的综合能力；通过二度创作，使学生对所学专业技能和专业理论知识有更全面的认识和提高，以适应市场对综合型、实用型人才的需求。

学院形成了和谐融洽、亦师亦友的新型师生关系。2006级音乐系毕业音乐会是一个系列，其中"桃李花开映鹭江"张卓师生钢琴音乐会，就是学院领导、师生同台"斗琴"。学院每年举办一届文化艺术节，包含了音乐、书法、舞蹈、小品、舞台剧等一系列活动，主旨在于活跃校园文化，引导学生努力向上。2009年4月举行的第4届校园文化艺术节暨校园十佳歌手决赛，完全放手由学生自主举办：学生会负责拉赞助，科艺舞美专业学生布置舞台，艺术管理专业学生负责前台，主持人是表演系播音主持专业学生。全校学生经过初赛、复赛后，有 25 组选手进入了决赛，美声、民族、通俗唱法同台竞技，表现形式多样，有组合、歌伴舞、乐队等；风格各具特色，或活拨清纯，或甜美悠扬，或动感十足。歌手赛中，还进行有关学院生活、专业知识的即兴问答。2009 年 5 月 12 日，为了纪念汶川大地震一周年，2008 级表演 2 班演出了本班 3 位同学创作的话剧《众·生》，演员均为该班同学，导演是该班老师杨健。该剧根据厦门市援川真实事件改编，同学们以 90 后的特殊视觉，去感悟"灾难无情人有情"的特殊经历。2009 年 6 月 19—20 日，该院主办了吕艺生院长从艺 60 周年庆典活动，师生同台演出了一批令人耳目一新的节目，并举行座谈会。

4. 中央音乐学院鼓浪屿钢琴学校

中央音乐学院鼓浪屿钢琴学校成立于 2006 年 9 月，由厦门市人民政府与中央音乐学院共同创办，定位为"国内一流，国际知名"。为此，他们高起点、高水准地聘请优秀教师，全力配备优良的教学设施，创新教学模式，营造和谐的教学氛围。

原中央音乐学院钢琴系主任杨鸣教授、上海音乐学院附中副校长桑金根担任学校领导，多名教师在美、英、意、法等国的高等音乐学院获得硕士、博士学位和演奏家文凭，其中多人多次在国际音乐比赛中获奖。爱沙尼亚国立音乐学院院长皮普·拉斯曼访问学校后，被聘为客座教授。今后，学校将在举办音乐节、夏令营、互换老师、联合办学等方面，与爱沙尼亚国立音乐学院开展合作。

学校配备了 30 多台著名品牌的钢琴，音乐厅使用 9 尺斯坦威钢琴，每个专业教室配备两台 7~8 尺名琴，30 间练琴房全部为

学校揭牌仪式

6.5尺以上的钢琴，它们分别是斯坦威、蓓森多夫、雅马哈、卡瓦依等著名品牌。这就完全达到国际一流音乐专业学校的钢琴配制。

"办学新，模式新"成为钢琴学校的一大特色。学校大胆采用了专业课师生双选的教学模式：学生依据简历，自主选择老师；老师根据实际情况和考试录像，选择相应的学生，达到师生自由组合，资源合理分配的目标。"一对一"就是在专业教室里，教师和学生各配备一台进口三角钢琴，教师通过亲身演奏为学生示范，从而达到最佳、最直观的教学效果。学校规定，每位学生每周至少有 3 节"一对一"钢琴专业课。

众所周知，美国音乐公开赛是全球规模最大、影响力较广、公信力较高的音乐赛事之一，始于 1992 年 2 月，每年举行一次，迄今已举行了 17 届。每年在各赛区举办初赛、复赛、决赛，再到美国进行总决赛，参加总决赛的每年约 1000 人。2007 年，经过中央音乐学院鼓浪屿钢琴学校的努力争取，美国音乐公开赛首次在中国设立了赛区，共有 570 名选手进入了中国赛区决赛。决赛共设 27 个组，其中专题组 18 个，年龄组 5 个，四手联弹组 4 个。

2008 年 2 月，学生朱星宇、贾琦、刘晓嵩、黄可欣、邵赟、陈治，由校长杨鸣教授率领，赴美国旧金山参加第 16 届美国音乐公开赛总决赛，贾琦、陈治获金奖，朱星宇、刘晓嵩、邵赟获银奖，黄可欣获铜奖。2009 年 2 月，中央音乐学院鼓浪屿钢琴学校 4 名选手郑翘楚、王诗淼、张达、王志婷，参加第 17 届美国音乐公开赛总决赛，又获得了 4 金、5 银、4 铜的佳绩。比赛分中国钢琴作品、巴哈前奏曲、自选曲目及浪漫古典奏鸣曲 4 个组别，各个组别又按年龄分组。10 岁的张达 4 个组别都参加，一举拿下 2 金 2 银。总决赛是各个年龄段的金奖选手聚在一起再比赛一次，张达获得中国钢琴作品总决赛金奖。在演奏柴可夫斯基的《六月船歌》时，张达完全沉浸其中，双目紧闭，泪流满面，在场的人无不动容。评委团赞誉他是"天生的钢琴家"，一位意大利籍的美国评委用"发现一名天才"来形容张达的乐感和潜质。张达的指导老师遇阳说："他从不怯场，而且人越多越来劲，表现越好。这孩子与音乐完全融合在一起，不是'做'出来的，是通过肢体语言表达音乐给他的感动。在几天的比赛中，张达表现太出色了，简直成了全场的'焦点人物'。"

此外，2008 年 6 月，该校初二年级学生袁嘉伟、小学部五年级学生郑宜含，在美国举行的第九届俄罗斯国际钢琴比赛中，分别获得青年组和少年组铜奖。在第七届西澳洲国际钢琴比赛、CCTV

钢琴大赛、德中同行——欧米勒钢琴公开赛等多项国内外钢琴比赛中，该校学生均取得了优异的成绩。2009年11月，该校初三年学生冯天一，在2009年"珠江·凯撒堡"全国青少年钢琴大赛决赛中，获得业余四组第一名。

第六章
有关鼓浪屿的音乐创作

1. 歌曲《鼓浪屿之波》

张藜、红曙词，钟立民曲，作于 1981 年冬。真挚优美、隽永欢畅的《鼓浪屿之波》，是厦门人最喜爱的一首歌，而它又响彻国内外。2004 年，钟立民先生将他在 60 多年音乐生涯中创作的歌曲作品，编选结集出版，书名定为《鼓浪屿之波》。在这本歌曲选中，有关厦门、鼓浪屿的题材有 6 首，其中鼓浪屿题材 4 首：《我爱鼓浪屿》（张士燮词）、《鼓浪屿之恋》（鲁萍词）、《哦，鼓浪屿》（朱家麒词）和《鼓浪屿之波》。作者多次来到厦门、鼓浪屿，几乎每次都留下他的情思和吟咏，可见，他对厦门、对鼓浪屿一往情深！

而厦门鹭江之畔的海关钟楼，每逢整点就播出《鼓浪屿之波》的动人旋律；厦门环岛路上，用花岗岩镌刻长 250 米、高 1.8 米的《鼓浪屿之波》五线谱，成为凝固的旋律……这是对作曲家的最大敬意！

2. 歌曲《鼓浪屿之歌》

蔡其矫词，江吼曲，作于 1956 年。词中"水上的鼓浪屿，彩色的楼船"、"月下的鼓浪屿，睡中的美人"成为脍炙人口的名句。

3. 歌曲《夏日的鼓浪屿》

安诒谋、杜震农词，安诒谋曲，作于1980年。在厦门市1980年声乐作品比赛中获奖。

4. 歌曲《鼓浪屿，我亲爱的故乡》

许斐星词曲，作于1981年，由中央乐团著名男中音歌唱家刘秉义演唱。

5. 歌曲《鼓浪屿》

正兴词，陈卫东曲，作于1996年。正兴法师是一位和尚诗人。此歌曾作为鼓浪屿钢琴艺术节主题歌，多次在国内外电视台播放。

6. 管弦乐曲《鼓浪屿之波》

钟立民、李祖英作曲，作于1999年，是厦门爱乐乐团在鼓浪屿成立初期演出最多的一首乐曲。

7. 钢琴与乐队《我爱鼓浪屿》

钟立民、徐振民作曲，由郑小瑛邀请老同学"友情"创作于1999年。当年12月，由鼓浪屿人、中央音乐学院附中副教授张志玮，与厦门爱乐乐团首演于鼓浪屿音乐厅。2006年第四届世界合唱比赛在厦门举行开幕式时，由殷承宗和厦门钢琴神童牛牛，与郑小瑛指挥的厦门爱乐乐团合作演出这部作品。

8.歌曲《故乡鼓浪屿》

庄德昆词曲，作于2002年，是一首独唱歌曲。2002年11月28日，福建电视台文艺中心特地到鼓浪屿拍摄《故乡鼓浪屿》音乐电视片。

9.钢琴协奏曲《献给鼓浪屿》

杜鸣心作曲，写于2004年。这是国内第一部以鼓浪屿为题材的钢琴协奏曲，是作曲家专门为第二届鼓浪屿国际钢琴艺术节所作的，也是他的第三部协奏曲。全曲长达25分钟，典雅优美，情韵深沉，共有三个乐章，第一乐章嵌入了闽南渔歌，展示了鼓浪屿海浪轻漾、霞散成绮、海静如练的情景；第二乐章为原汁原味的抒情旋律；第三乐章注入南音乐曲，让闽南风情从旋律中流淌出来。

10.钢琴协奏曲《鼓浪屿》

黄安伦作曲，写于2006年。

黄安伦先生是旅居加拿大的著名华人作曲家，早在20世纪60年代，他就与鼓浪屿钢琴家许斐平结为好友，当时，他俩有一个共同的心愿，要创作一首歌来歌颂鼓浪屿。2001年，许斐平不幸因车祸去世，使他痛心疾首，一时中断了这个念头。时隔5年，第三届鼓浪屿钢琴节和第三届全国青少年钢琴比赛专业青年组决赛同时在鼓浪屿举行，黄安伦说："这个小小的海岛，给我们国家培养出这么多伟大的艺术家，实在太神奇了。借着这次钢琴节，我可以了却（为鼓浪屿写歌）这个心愿，我是非常非常高兴，非常非常荣幸的。"为一个青少年赛事而专门创作钢琴协奏曲，在国内的音乐比赛中，尚属首次。

11.《鼓浪屿狂想——为钢琴与交响乐队而作》

章绍同作曲，写于 2008 年。章绍同是福建省著名作曲家，对鼓浪屿有发自内心深处的真爱。这部作品的第一主题"鸟鸣"，第二主题"舞蹈"，第三主题"沙滩狂欢"，一气呵成，具有管风琴风格。这就使它有别于他人的作品，显示了浓郁的生态美、地域美、人文美，基调明朗，童心毕现。

12. 歌曲《鼓浪雨》

林一峰词曲，作于 2008 年。林一峰是香港"民谣王子"，这首歌是他在鼓浪屿雨中漫步小巷时得到的灵感，歌中唱道：

> 厦门走到鼓浪屿，
>
> 两个天堂一江水，
>
> 走一回，让感觉不再沉睡，
>
> 古榕树，跟音乐相依偎；
>
> 鼓浪雨，随着琴声风中飞……
>
> 鼓浪屿散步，
>
> 在时光隧道只能靠一双腿，
>
> 湿热的雨一喝就醉……

第七章

鼓浪屿音乐节庆

鼓浪屿的音乐节庆，主要有：

1. 鼓浪屿国际钢琴节

第一届鼓浪屿国际钢琴艺术节于 2002 年 5 月 10 日—20 日举行。内容包括第二届中国音乐"金钟奖"钢琴演奏决赛、第一届全国青少年钢琴比赛、海峡两岸少年儿童音乐舞蹈大联欢。这使得中外著名音乐家和各路参赛高手齐聚鼓浪屿，还有来自全国各省市（包括港、澳、台地区）的 22 个少年儿童艺术团体。

开幕式音乐会创下了几个"国内第一"。从鼓浪屿走出去的指挥家陈佐湟执棒、从鼓浪屿走出去的女钢琴家卓一龙演奏、厦门爱乐乐团伴奏的钢琴曲《我爱鼓浪屿》（徐振民改编），引起了全场听众的共鸣。紧接着是普让客·弗朗西斯的《D 小调双钢琴协奏曲》，在中国首演，第一钢琴是法国钢琴家米歇尔·布敦克，第二钢琴是中国青年钢琴家陈萨。4 台钢琴联奏在国内也是首创，由 4 名著名钢琴家在 4 台顶级名琴 9 尺"斯坦威"上，与厦门爱乐乐团共同演绎巴赫的《A 小调四架钢琴协奏曲》，第一钢琴是墨西哥杰出钢琴家乔治·费德里科·奥索里奥，第二钢琴是俄罗斯荣誉艺术家柳芭·蒂莫菲叶娃，第三钢琴是澳大利亚著名钢琴家杰弗里·托萨，第四钢琴是法国著名钢琴家米歇尔·布敦克。杰弗里·托萨还献上钢琴协奏曲《黄河》，他是第一位在中国演奏《黄河》的西方艺术家。

第二届中国音乐"金钟奖"的钢琴表演奖，专为本届钢琴节设立。来自全国的 18～25 岁、26～35 岁两个年龄段的 50 位选手，参加角逐。作品奖引人注目，有 10 首钢琴作品分别获得金、银、铜奖，15 首创作歌曲获奖。本届设立的"终生成就奖"令人感动，《牧童短笛》首演者老志诚、歌剧《白毛女》中的《北风吹》作者张鲁、《黄河怨》首唱者唐荣枚、首任军乐团团长罗浪、指挥了近 500 部电影音乐的陈传熙等 22 位老音乐家获此殊荣；另有 10 名来自各地音乐家协会的组织奖获得者。

在这届艺术节上，中国音乐家协会正式授予鼓浪屿"音乐之岛"荣誉称号。

第二届鼓浪屿国际钢琴艺术节于 2004 年 7 月 28 日—8 月 12 日举行。主要内容分两部分：第二届全国青少年钢琴比赛和中国之旅巡回音乐会。此外，配套举办全国青少年舞蹈大联欢、钢琴大师班、音乐家与音乐爱好者联欢会、鼓浪屿之旅、音乐文化推介会等。

全国青少年钢琴比赛，是中国音乐家协会举办的唯一全国青少年级钢琴比赛，每两年在鼓浪屿举办一届，比赛分为儿童组、少年组和青年组三个组别。本届共有 77 名钢琴才俊竞技琴岛，使用世界名琴贝克斯坦、斯坦威、斐芝欧尼进行全程赛事。

鼓浪屿钢琴博物馆提供了 4 台百年古钢琴，给巡回音乐会使用。强大的阵容有：世界著名指挥大师朱晖、旅美鼓浪屿籍青年钢琴家许兴艾、中国青年钢琴家陈萨、美籍华人钢琴家孙梅庭、加拿大籍越南键盘诗人邓泰松、法国钢琴家米歇尔·布敦克。

音乐会的三套曲目，古典现代，交相辉映，包括巴洛克时期的巴赫，古典主义时期的莫扎特，浪漫主义时期的萧邦、柏辽兹、李斯特、格里格，20 世纪作曲家巴托克、拉赫马尼诺夫和印象派代表人物德彪西。这些作品具有浓郁的民族民间色彩，如巴托克的协奏曲充满匈牙利民间音乐元素，德彪西的印象派作品第一个为钢琴作品赋予法国色彩,俄罗斯钢琴诗人拉赫马尼诺夫具有东方色彩的和声。巴托克的《为双钢琴和打击乐的协奏曲》是中国首演,由钢琴家许兴艾和米歇尔、德国的定音鼓手阿汉特·约瑟坦和打击乐手托马斯·凡克,与厦门爱乐乐团合奏。鼓浪屿女儿许兴艾则担任了杜鸣心创作的钢琴协奏曲《献给鼓浪屿》的首演任务。

中国之旅巡回音乐会是本届钢琴家最有创意的活动。活动在北京、上海、广州、香港4地举行,由4位世界著名青年钢琴家许兴艾、孙梅庭、陈萨、米歇尔·布敦克献演,亚洲3大指挥家之一朱晖执棒。鼓浪屿钢琴博物馆的4台百年9尺古钢琴——斯坦威、埃拉德、威尔坦、布鲁斯纳,作为主要演奏琴。巡演在中国4座高雅音乐繁荣的大都会进行,在当地最好的音乐厅演出,与当地最强的乐团合作,迷醉当地听众,获得一片喝彩声。著名作曲家徐沛东说:"用巡演的方式把艺术节推向全国的做法,厦门是第一个。"在广州,新中国厦门市第一任市长梁灵光听完巡演音乐会,说:"这是一个别出心裁的做法,文化与旅游如此结合,非常有创意!""音乐之岛"鼓浪屿的美名,经由"名岛、名家、名曲、名琴"的演绎,获得了广泛的传扬和认同。

第二届全国青少年钢琴比赛,由评委会主任鲍蕙荞教授宣布决赛结果:上海市音乐家协会选送的3位选手,包揽了儿童组、少年组和青年组3个组别的冠军,他们是石文婷、郝端端和沈灏。

中国文联副主席、中国音乐家协会常务副主席吴雁泽赋诗一首:

小岛称仙境,琴乡涌奇才。

欲闻天籁音,请君鼓浪来。

第三届鼓浪屿国际钢琴艺术节,于2006年7月31日—8月7日举行,第三届全国青少年钢琴比赛和以"钢琴、艺术、节日"为主题的琴童快乐夏令营同时举行。

本届钢琴节，主打青少年牌，突出中国作品的创作和演出。钢琴节邀请第七届李斯特国际钢琴比赛金奖得主孙颖迪、梅西安国际现代钢琴比赛"巴黎市大奖"得主秦川、多次获得国际钢琴比赛大奖的美国音乐博士司伯塞·迈尔、俄罗斯著名女钢琴家波诺特尼科娃，举办 4 场高水平的钢琴独奏音乐会。

开幕式在风琴博物馆举行，澳大利亚著名钢琴家杰弗里·托萨和管风琴演奏家瑞思·博克，用博兰斯勒钢琴和诺曼·比尔管风琴，联袂演奏由法国浪漫派作曲家法兰克所作的钢琴与管风琴合奏作品《前奏曲、赋格和变奏》，这在国内尚属首次，在国外也不多见。他们还演奏改编了的《鼓浪屿之波》，该曲原作者钟立民先生指挥鼓浪屿合唱团唱响了《鼓浪屿之波》。音乐会结束，钟立民先生拉着胡友义先生的手，激动地说："这是我听过的最动人、最特别的《鼓浪屿之波》！"中国音乐家协会主席傅庚辰、秘书长郑会林说："这真是音乐界的一段佳话！"演奏者托萨和瑞思也激动万分地说："能办这样一场音乐会，证明鼓浪屿在全世界都是独一无二的！"

全国知名的 8 大音乐院校，均派出强大阵容共 168 人参赛，评委都是国内外音乐界权威人士，大师、新苗同台奏响琴音。

本届比赛引入了国际钢琴比赛的模式，专业青年组 6 名进入决赛的选手，要与交响乐团合作演奏以展示实力，即都要与厦门爱乐乐团联袂演奏黄安伦专为本届钢琴节而创作的钢琴协奏曲《鼓浪屿》。结果，中央音乐学院王天阳获得冠军，辽宁选手周韵清获得第二名，中央音乐学院沈璐获得第三名，同时夺得专业青年组中国作品演奏奖。这些优胜者，获得与德国博兰斯勒钢琴公司签约出版唱片专辑和获颁公司证书，可以直接参加 2007 年在德国德雷斯顿举行的鲁宾斯坦国际钢琴比赛。

博兰斯勒钢琴被誉为"德国国宝"。由于鼓浪屿钢琴节的知名度和专业性，德国博兰斯勒钢琴总公司与本届钢琴节组委会签署协议，该公司为本届钢琴节免费提供11台钢琴，有3台9尺三角琴从德国空运而来，另8台是博兰斯勒"欧米勒"系列的立式钢琴。该公司还为下一届比赛专业青年组冠军，提供一台价值70万元人民币的博兰斯勒三角钢琴。博兰斯勒钢琴的稳定性与对钢琴家按键的敏锐反应，让演奏者能够各展所长，发挥出最佳水平。

第四届鼓浪屿国际钢琴节于2008年7月18日—24日举行。本届钢琴节主要由传统的中外钢琴名家音乐会和第四届全国青少年钢琴比赛组成。

开幕式音乐会，4位美国著名钢琴家罗宾·汉科克、斯科特·霍尔顿、保罗·波莱和杰弗里·舒姆威，在两台钢琴上进行8手联弹，这个四重奏组合，演奏了《炫技性加洛普舞曲》、《奥分巴赫主题幻想曲》等难度很高的曲目。其他音乐会还有旅德青年钢琴家周宇博、旅英青年钢琴家李晨音的钢琴独奏音乐会，日本牧真之的羽管键琴音乐会。周宇博富于诗情画意，李晨音富有戏剧张力，牧真之则是别开生面。此外，著名作曲家鲍元凯教授的《炎黄风情》钢琴版专辑首发式，也在钢琴节期间举行。

第四届全国青少年钢琴比赛有46名选手，包括两名台湾选手和两名香港选手，8名评委也分别来自大陆、台湾和香港。比赛结果，中央音乐学院钢琴专业三年级的"钢琴才女"陈小雨获得青年组冠军，她演奏大气磅礴的柴可夫斯基的《第一钢琴协奏曲》。陈小雨所在的学校——中央音乐学院，获得了一台价值70万元的德国博兰斯勒三角钢琴奖励。获得少年组冠军的是香港10岁小选手沈靖韬，这位"钢琴神童"3岁半在母亲指导下开始学钢琴，6岁参加香港音乐节获得"小奏鸣曲组别"冠军，2006年在德国埃特林根国际青少年钢琴比赛中，击败了200多位世界钢琴好手勇夺冠军，2008年6月又在美国吉娜·巴考尔国际青少年钢琴比赛中夺得少年组冠军。最佳演奏奖由上海音乐学院的薛莉山获得，她演奏了章绍同专为本届钢琴节而创作的钢琴协奏曲《鼓浪屿狂想曲》，这也是这部作品的首演。

除此之外，首届全国钢琴考级优秀选手展演比赛也同时进行。最终，唯一的"特别大奖"由福建选手陈炜隆夺得，他获得了一台价值3.5万人民币的欧米勒立式钢琴。陈炜隆是福建长乐金峰中心小学5年级学生，曾获得第26届世界华人青少年钢琴比赛少年组冠军、2007年上海国际艺术节钢琴比赛铜奖。从本届钢琴节起，全国钢琴考级优秀选手展演比赛，将永远落户鼓浪屿。

本届钢琴节还诞生了吉祥物——"钢琴王子"卡通形象，这是在2008年"钢琴王子"中国原创动漫大赛中海选出来的，同时还举行了"钢琴王子"文学故事和"钢琴王子"诞生记短文大赛。

历经8年辛勤耕耘，鼓浪屿国际钢琴艺术节和全国青少年钢琴比赛，以国际性、专业性、独创性等显著特点，成为中国具有影响力的重要音乐品牌。

2. 鼓浪屿春夏秋冬四季音乐周

鼓浪屿音乐周创办于2002年，已经成功地举办了6届。从2008年起，形成了春、夏、秋、冬四季音乐周，邀请来自世界各国的优秀音乐家，到鼓浪屿展示不同地域、不同风格的音乐作品，让厦门的音乐爱好者足不出户就能领略各国音乐文化的精华。2009年鼓浪屿四季音乐周的主要活动，包括3月份的春季俄罗斯音乐周、6月份的夏季美国音乐周、9月份的秋季德国音乐周、12月份的冬季法国音乐周。

美国音乐周

在已经举行的6届美国音乐周中，近40位美国音乐家、音乐院校教授来到鼓浪屿，举办了50多场钢琴、小提琴、声乐等多种形式的音乐会和大师班，成为在国内颇有影响的音乐品牌。

2008 年的鼓浪屿美国音乐周，定名为"鼓浪屿 2008 莱雷斯国际音乐节"，加入了多城巡回演出，总行程时间将近 3 周。7 位美国音乐家从 5 月 17 日—6 月 4 日，先后在深圳、厦门、上海和北京举行 14 场音乐会，开办 20 多堂大师班。领队是葡萄牙籍的美国钢琴家费尔南多·莱雷斯，正是由于他的积极推动和不懈努力，促成了鼓浪屿美国音乐周的举办。莱雷斯 19 岁时，为纪念阿图尔·施纳贝尔而演奏贝多芬全部 32 首奏鸣曲，在伦敦由哈利特·柯亨国际音乐奖授予贝多芬奖章，葡萄牙政府授予他与将军同级的亨利王子勋章。

4 座城市的开场音乐会，都由美国著名钢琴家约瑟夫·班诺维兹带来。1984 年，班诺维兹就已经与中国中央歌剧交响乐团和香港交响乐团合作，首次公演了黄安伦的《第一协奏曲》。后来与他合作的乐团有：圣彼得堡爱乐乐团、莫斯科国立交响乐团、布拉格与布拉迪斯拉发广播交响乐团、布达佩斯交响乐团等。

此次来华的音乐家有：美国小提琴家费利西娅·莫伊、德国女高音歌唱家琳达·凯梅尼、美籍乌克兰钢琴家奥利斯塔·赛布里乌斯基、美国钢琴家克莱格·谢伯特和娜丽塔·特鲁等，他们带来了小提琴、声乐、钢琴音乐会。费利西娅·莫伊在小提琴独奏音乐会上，演奏了斯特拉文斯基的《意大利组曲》、巴托克的《罗马尼亚民间舞曲》、中国作品《苗岭的早晨》等精彩曲目；约瑟夫·班诺维兹钢琴独奏音乐会演奏萧邦的《降 B 小调第二奏鸣曲》和《波兰舞曲》、李斯特的多首《匈牙利狂想曲》、巴赫的《G小调管风琴前奏曲》、舒伯特的《C 小调小快板，D915》等；女高音歌唱家琳达·凯梅尼独唱音乐会名为"女人的旅程"，演唱了歌剧《卡门》、《波希米亚人》、《托斯卡》等选段；钢琴家克莱格·谢伯特演奏了巴赫、贝多芬、德彪西和萧邦的名作以及中国钢琴作品《四川民歌》、《行云》。

在上海、北京等城市的活动，掀起了一波又一波鼓浪高潮。上海师范大学作为上海活动点，而音乐会则选择在上海音乐学院贺绿汀音乐厅举行。上海师范大学副校长陆建非说："我们学校十分珍惜这次与美国音乐大师面对面的机会，希望通过这样高水平的活动，吸纳艺术精华，开拓学术视野，聆听音乐真谛。"在北京中央音乐学院音乐厅举办的巡演音乐会，我国音乐界的明星级大人物都成了听众：周广仁、杨竣、吴迎、鲍蕙荞、吴天球、钟立民……钟立民先生激动地说："如今的《鼓浪屿之波》真是名副其实每一波都有音符在跳跃，你们赶快作新词啊，我来谱曲！"

鼓浪屿音乐节激起了当地音乐学子们畅想游览鼓浪屿的强烈愿望。

德国音乐周

2007年6月，德国音乐周第一次出现在鼓浪屿，带领德国音乐家们来厦门的华人旅德女中音歌唱家毕宝仪，举行了一场精彩的声乐音乐会，以其艺术魅力征服了许多听众。

2008年11月，毕宝仪又带领4位德国音乐家来到鼓浪屿，举办秋季音乐会，共献演5场音乐会，开办5堂大师班。

第一场是德国籍的意大利钢琴家克里斯提安·罗佛洛的钢琴独奏音乐会。他演奏了格里格的《抒情曲》，萧邦的《叙事曲》、《华丽圆舞曲》、《夜曲》，拉赫马尼诺夫的《前奏曲》、《波尔卡》等，富有浪漫情调。

第二场是德国功勋男低音歌唱家托马斯·托马史克独唱音乐会。他演唱了格鲁克《伊菲姬尼在奥利德》、莫扎特《魔笛》、韦伯《自由射手》等著名歌剧选段和舒曼的声乐套曲《诗人之恋》。他那低沉浑厚、富有磁性的嗓音，抒情色彩和表现力强的歌喉，搭配德国著名教育家海尔曼·韦尔纳精致的钢琴伴奏，将《诗人之恋》的神韵表现得恰如其分。

第三场是德国单簧管演奏家阿考士·霍夫曼的独奏音乐会。单簧管即黑管，诞生于 17 世纪末、18 世纪初。霍夫曼演奏了阿根廷作曲家阿斯托·皮亚左拉的《探戈的历史》，德彪西的《第一狂想曲》，韦伯的《单簧管华丽二重奏》以及吉亚皮艾力的《威尼斯狂欢节》等经典作品，洋溢着"绅士之美"。

第四场是毕宝仪独唱音乐会。她演唱了莫扎特的歌剧《费加罗的婚礼》、罗西尼的歌剧《塞维利亚的理发师》、比才的歌剧《卡门》中最著名的几首咏叹调，还演唱了世界各民族不同风格的民歌，而《一杯美酒》、《青春舞曲》、《康定情歌》，让德国音乐周具有浓郁的"中国味"。

第五场是综合型音乐会。5 位来自德国的艺术家 ——登台献艺。霍夫曼还用单簧管演奏了中国民歌《彩蝶飞舞》，罗佛洛专门演奏了厦门大学音乐系李未明教授创作的《花鼓春岭》。最后，5 位艺术家同时登台，演唱《鼓浪屿之波》，引发全场大合唱，将现场气氛推向高潮。

2009 年 9 月 2—6 日，德国秋季音乐周再次举行。5 位来自德国的音乐家，连续举办 5 场音乐会、5 堂大师班，花腔女高音、女中音、钢琴、单簧管的经典曲目，轮番上阵。

俄罗斯音乐周

第一届鼓浪屿春季俄罗斯音乐周于 2008 年 3—6 日举行。应邀献演的是俄罗斯彼得罗扎沃茨克国立音乐学院的民乐六重奏演奏团，团长是俄罗斯功勋演奏家、功勋艺术活动家弗拉吉米尔·亚历山大罗维奇·萨拉维约夫，该团成立 20 多年来，在俄罗斯和国际比赛中多次获奖。

音乐周举办了 4 场具有浓郁俄罗斯风格的专场音乐会，弗拉吉米尔·亚历山大罗维奇·萨拉维约夫的巴扬大师班，"俄罗斯之声"演奏团"重奏艺术讲座"，给听众留下了极其深刻的印象。6位演奏家透过俄罗斯民族乐器富有魅力的音色，打动了人们的心，他们使用的巴扬、小冬不拉、中音冬不拉、三角琴、低音三角琴、打击乐器等，更是吸引人们的眼球。在舞台上，这些乐器被编排得如同情景小品中的大小角色，从音符奏响之后，听众就被紧紧吸引住，随着或欢乐、或激荡、或悲伤、或悠扬的旋律，陷入深思，进入喜怒哀乐的意境之中。打击乐演奏家瓦列里·鲍勃可夫出场一小时，用了17种乐器，如木琴、三角琴、铃鼓、响板、木勺子、塑料制"拉列斯加"（音色如同中国的唢呐）……手起手落，行云流水。

征得主人同意，22件具有代表性的俄罗斯民族乐器，将永久地收藏于鼓浪屿乐器博物馆中，既丰富了馆藏，又为首次举办俄罗斯音乐周留下美好的记忆。

2009年3月17—20日举行的春季俄罗斯音乐周，有来自俄罗斯彼得罗扎沃茨克国立音乐学院的5位音乐家，由该院院长、俄罗斯功勋演奏家、2005年俄罗斯"友谊勋章"获得者弗拉吉米尔·亚历山大诺维奇·萨拉维约夫任团长，成员包括该院表演系主任、著名小提琴家尼古拉·康斯坦丁诺维奇·库兹涅措夫，钢琴家、尤金国际钢琴比赛评委维克多·巴勒特诺伊，女声乐家维克多·格拉德琴科，女钢琴家瓦列吉娜·特鲁索娃。

俄罗斯的音乐家们举办了4场音乐会和4堂大师班。在首场音乐会前，举行了"中西合璧"的启动仪式。厦门市书法家现场挥毫写下"春"字，由钢琴家巴勒特诺伊照本临摹，以庆祝音乐周举行。书"春"仪式，表达了俄罗斯音乐家们预祝音乐之"春"圆满成功的心意。

首堂大师班在集美大学艺术学院音乐厅举行，讲课之余，格拉德琴科还亲自指导学生演唱歌剧。第二天，厦门市音乐学校3

位参加钢琴大师班的学生，使用珍藏于鼓浪屿音乐厅的意大利名钢琴"斐芝欧尼"，分别演奏了莫扎特、萧邦、拉赫马尼诺夫的乐曲，俄罗斯钢琴家维克多·巴勒特诺伊进行点评，并为孩子们颁发活动证书。该校另3位学生，参加了一对一的大师班课程。这种"名琴、名曲、名家点评"活动，创造机会让年轻人接触高水准音乐，拉近与古典音乐的距离。

3月20日晚，本届俄罗斯音乐周最后一场音乐会，与第二天的"世界诗歌日"紧密拥抱。除团长外，4位俄罗斯音乐家轮番上阵，给听众带来了一阵阵惊喜。女高音歌唱家格拉德琴科将3首改编自诗歌的歌曲献给听众：伊萨科夫斯基的《在秋天》，普希金的《冬天的道路》、《行驶到了伊若勒》，她说："我觉得音乐和诗歌在鼓浪屿就像天天见面的邻居一样亲近。"3月21日，俄罗斯音乐家们作为鼓浪屿俄罗斯音乐周的"特使"，前往福建音乐学院，为师生们举行一场综合音乐会。

维克多·巴勒特诺伊表示，鼓浪屿是一个美丽的地方，我愿意用音乐来延续这份美丽，不仅让鼓浪屿的居民欣赏到世界音乐，还要让全中国、全世界来到这里的游客都感受到来自世界的音乐，让音乐感动游客，让他们记住鼓浪屿，记住厦门。

法国音乐周

2009年12月1—4日，鼓浪屿举办了冬季法国音乐周。法国派出了4位演奏家前来举行4场音乐会和5堂大师班：钢琴家、音乐学家、音乐教育家简·皮埃尔·阿尔蒙戈，小提琴家亚历桑德罗·法佐力，大提琴家吕卡·帕卡涅拉和单簧管演奏家让·科尔兹。

第一场，4位音乐家演奏了历史上最知名的曲目，包括匈牙利作曲家李斯特的《大提琴与钢琴》，法国印象派大师拉威尔的《茨

冈狂想曲》、《西班牙狂想曲》等。最后上演法国作曲家梅西安的
《时间结束四重奏》（曲名出自《圣经》，又译为《世界末日》或
《时间尽头》）。梅西安生于 1908 年，1939 年在第二次世界大战中
服兵役，1940 年被俘，在纳粹集中营度过两年，《时间结束四重
奏》即写于狱中，共 8 个乐章，由单簧管、小提琴、大提琴和钢
琴共同演奏。此曲节拍时而延长，时而收缩，时而停滞，比较抽
象。第三乐章"鸟儿们的深渊"，全由单簧管独奏，是对人生的反
思；第五乐章"颂歌"，由大提琴在钢琴冷酷的和弦敲击下进行表
达。

　　第二场，钢琴音乐会，由简·皮埃尔·阿尔蒙戈演奏波兰作
曲家萧邦的《夜曲》、《马祖卡》，法国作曲家萨蒂的《三首玄秘
曲》、《消瘦的畸形》，法国作曲家德彪西的《亚麻色头发的少女》、
《水妖》、《水中倒影》、《月光曲》、《金鱼》等多首作品。阿尔蒙戈
曾师从巴黎著名钢琴家、作曲家皮埃尔·尚康和萧邦嫡传弟子杰
克·费瑞尔，擅长驾驭各种风格的音乐，从传统钢琴曲到现代音
乐，从钢琴独奏到钢琴协奏曲，乃至室内音乐，他都在行。他还
致力于音乐传播形式的拓展和现代音乐的推广。

　　第三场，"法国印象·提琴之夜"音乐会，小提琴家亚历桑德
罗·法佐力与大提琴家吕卡·帕卡涅拉默契无间地"对话"，丰富
优雅的肢体语言给全场观众留下了深刻的印象。法佐力先在钢琴
家阿尔蒙戈的伴奏下，演奏了法国浪漫主义音乐之父塞萨尔·弗
兰克的《A 大调奏鸣曲》以及拉威尔为大提琴和小提琴二重奏而
作的奏鸣曲。接着，两位大、小提琴家演奏了亨瑞的大提琴独奏曲
《诗歌》，以及萧邦为大提琴与钢琴而作的《C 大调引子与华丽的
波兰舞曲》。相比前两场"抽象派"、"印象派"音乐会，这场"浪
漫派"音乐会让观众领略了法兰西音乐的浪漫情怀。

　　第四场，综合音乐会，其中，有德国作曲家勃拉姆斯的《悲
歌》，以及单簧管、小提琴和钢琴三重奏，演奏了法国作曲家达律

斯·米约的《组曲》等，均着重于室内乐演奏方式。

4位音乐家还分别举办了钢琴、小提琴、大提琴和单簧管等5堂大师班。

3. 全国青少年钢琴比赛

"金桥·第一届全国青少年钢琴比赛"于2009年5月24—30日在厦门举行。此项赛事被文化部纳入"文华艺术院校奖"系列，即进入"中国文化艺术政府奖"系列，内容涵盖艺术教育的各个门类，成为我国艺术院校间的专业赛事。赛事由文化部主办，厦门市人民政府和福建省文化厅联合承办，厦门市鼓浪屿—万石山风景名胜区管理委员会等联合协办。参赛对象为全国（含港澳台地区）艺术院校及艺术专业在校生，选手按年龄划分为少年一组（14周岁以下）和少年二组（14~18周岁）两个组别，分预赛、初赛、复赛、决赛四个阶段进行。评委会由13位著名音乐理论家、钢琴演奏家、指挥家和作曲家组成，著名钢琴家鲍蕙荞担任主任；著名钢琴家和指挥家石叔诚担任乐队指挥，指挥厦门歌舞剧院厦门乐团承担决赛的协奏工作。

此次赛事，吸引了全国19所艺术院校近200名选手报名参赛，4月底在北京举行预赛，评选出75名选手正式入围比赛，其中，厦门选手10名。选手年龄最小的仅9岁。经过初赛、复赛和决赛，中央音乐学院附中选手熊嘉诚获得少年一组第一名，上海音乐学院附中选手陈涵获得少年二组第二名，该组第一名空缺。

全国青少年钢琴比赛将永久落户厦门，今后每3年举办一次。

石叔诚对钢琴赛事作了一番分析。他说，如今钢琴比赛很多，获奖带有很大的偶然性，与评委的眼光、现场发挥等各种客观因素都有关系，选手不要太看重名次，第一名其实没有多大的实际意义。他认为，比赛是选拔、发现人才的非常好的形式，但是对艺术的破坏作用也很大。比赛一方面在刺激发展，另一方面容易抹杀演奏家的个性，目前全世界都出现了演奏趋于同一性的问题。他强调，作为演奏者，每次演奏是在创作，理解作曲家的作品要传达给观众什么东西之后加以表现；现在却要迎合评委标准和观众品味，从这一点来说实际上方向是错误的。比赛只是年轻人向上追求的一个台阶，能迈上去当然好，没有迈上去也还有机会，通过比赛提高自己的水平，学到东西是最重要的。不要太看重名次，在比赛中只想着如何把最高水平发挥出来可能会更好。

第八章

鼓浪屿音乐厅馆

1. 鼓浪屿音乐厅

　　鼓浪屿音乐厅于 1984 年动工，1987 年竣工。音乐厅占地面积 4200 平方米，建筑面积 3600 平方米，观众厅现有座位 714 个。场内的建声结构由南京东南大学何凤飞教授设计，采用全自然的音响效果，使每一个座位都能够享受到最佳的音响效果，其音色之美，声学之佳，在当年为全国之冠，获得了许多世界级音乐家、

鼓浪屿音乐厅

演奏家、指挥家的赞誉。

音乐厅虽居闹市，但绿化面积超过 50%，并有百年老榕树、老樟树掩映着椭圆形的建筑物。"鼓浪屿音乐厅"六个大字由福建籍著名音乐家李焕之题写。

音乐厅经常举办国内外专业和业余音乐家、乐团的专场演出。"鼓浪屿音乐之旅"音乐会则以外地游客为主要听众，除了专业音乐团体演出外，听众们也可以推出自己的拿手好戏，上台与演奏者和其他听众"以乐会友"。音乐厅举办的音乐周已成常态，每个季节推出不同的音乐主题，春季俄罗斯音乐周，夏季美国音乐周，秋季德国音乐周，冬季法国音乐周。

2009 年 6 月 26 日晚，厦门市西林幼儿园大班小朋友张宜婷，在鼓浪屿音乐厅成功地举办了钢琴独奏音乐会，创下了近期厦门举办个人音乐会年龄最小的记录。她演奏了中外钢琴小品、练习曲、奏鸣曲等。之前，她获得"同根杯"第四届海峡两岸青少年艺术节展演福建赛区钢琴比赛学前组金奖。

2009 年 7 月 4 日晚，4 名金门孩子李宣萱、李晨玮、许涵嵋、许征仁，在鼓浪屿音乐厅举办"浯洲乐集"联合钢琴演奏会，他们当中，李宣萱、李晨玮姐弟是小学生，弟弟李晨玮只有 10 岁；许涵嵋是高一年学生，许征仁正准备赴美留学。这是金门学生首次在厦门举办的专场钢琴音乐会。他们演奏的乐曲，从古典到现代，从巴洛克到浪漫主义都有，让听众享受了一次听觉盛宴。

2009 年 7 月 12 日晚，厦门大学艺术学院音乐系师生，在鼓浪屿音乐厅举办一场"浪漫手风琴"音乐会。郑静雅副教授率领原子琪、林琳、郭瑾等 10 名学生，为听众们演奏了手风琴四重奏《回旋曲》、意大利民歌《啊，朋友》、《花儿为什么这样红》、《莫斯科幻想曲》、"苏联优秀歌曲联奏"及大合奏《拉德斯基进行曲》等名曲。

2. 鼓浪屿钢琴博物馆

　　钢琴的发明者是意大利佛罗伦萨乐器制作师巴尔托洛美奥·克里斯托弗里（1655—1731 年）。他于 1709 年以拨弦古钢琴为原形，制作出一台被称为"具有强弱音变化的古钢琴"。他在钢琴上采用了以弦槌击弦发音的机械装置，代替以往拨弦古钢琴以动物羽管拨动琴弦发音的机械装置，使琴声更富有表现力，音响层次更丰富，并能通过手指触键直接控制声音的变化。以弦槌击弦代替拨弦发音就成为当时键盘乐器的主要特色，也是钢琴的标志和象征。

　　1709 年以后，克里斯托弗里又进一步改革了原来击弦机的结构。他在这部机械中，安装了一种与现代击弦机的复震杠杆系统近乎完全一致的起动杠杆，使击弦速度比原来加快了 10 倍，而且可以快速连续弹奏；音域也增加为 4 组半。可以说，这就是现代钢琴的雏形。这一发明为以后的钢琴制作师打开了通往成功之路的大门。遗憾的是，克里斯托弗里的发明，并没有得到他的意大利同行及当时演奏家们的注意，却在异国他乡（尤其是德国、奥地利)得到了继承和发展。所以人们说：钢琴发明于意大利，发扬于奥地利，进步在德意志，豪华在法兰西，精致在英格兰，普及在美利坚，低价在日本。

　　鼓浪屿钢琴博物馆于 2000 年 1 月 8 日开幕，馆藏钢琴都是原籍鼓浪屿的澳大利亚华人胡友义先生所收藏的。目前，馆藏的百年古琴有 110 台，陈列展出的有 95 台，大部分是稀世珍宝。介绍部分如下：

　　克莱门蒂钢琴，1810 年由"钢琴之父"克莱门蒂（1752—1832 年)在英国伦敦制作，其发音板和钉弦框全是木制，体积小，琴弦细，音量小；为了扩大音量，体积也相应增加了。

　　爱德尔自动钢琴，19 世纪初制作于美国纽约。它根据织布机的原理制成，利用气体推动机械，敲击出琴谱上的旋律。虽然已有 200 多岁高龄，音色依然优美洪亮。

布罗伍德钢琴，1824 年制作于英国伦敦，当时是世界上最高的钢琴，音箱高达 6.5 尺。另一台布罗伍德钢琴，是 1838 年制作的，声音完美如新。这种品牌的钢琴是 19 世纪最好的演奏钢琴，是贝多芬的最爱。它的低音部十分雄壮厚重，贝多芬用这种钢琴作曲，因此，他的《悲怆》等作品中，低音部分都是极具感染力和震撼力的。胡友义先生评价道："布罗伍德是影响了世界音乐发展历史的钢琴。"

博森多福钢琴，1849 年制作于奥地利维也纳，很有力度，共鸣效果极佳，李斯特非常推崇它。

舒维登钢琴，19 世纪中叶制作于德国柏林，整台钢琴的外壳都用上等桃花心木制成，保留天然花纹，琴键用乌木和象牙制成，面板上放置两盏煤油灯，古朴庄严。

科尔门钢琴，1862 年制作于英国伦敦，是早期的三角钢琴，长 8 英尺，直弦，声板镶着镏金花纹，两旁有两个烛台，放置烛台的木板可以推进移出。

斯坦威钢琴，1864 年制作于美国纽约，体积大，四只脚。1855年，钢琴制作家斯坦威父子，对钢琴的第一项革新，就是在方形钢琴里使用了交叉琴弦，琴弦尺度加长，音量加大，音色更美；第二项革新，就是采用了铸铁制造的钢琴框架，增加了牢固性。国际比赛及许多著名音乐厅都用斯坦威钢琴。

普莱耶尔钢琴，1868 年制作于巴黎，是普莱耶尔钢琴公司为法国皇帝拿破仑三世特别定制的钢琴。皇帝十分喜爱这台钢琴，将它特别放在寝宫中。它的外表十分奢华精美，琴身镶满五彩缤纷的花朵，由两个拥有人身、鱼尾及圣洁之翼的镀金木雕天使承托着，贵族气质十足。这种钢琴属于艺术型钢琴，主人用来展示其身份和地位，号称"世界最美的钢琴"，萧邦最为喜欢。目前，世界上能保存这么完整的普莱耶尔钢琴，只有鼓浪屿钢琴博物馆这一台，所以成为"镇馆之宝"。

勃德钢琴，1878年制作于法国。其线条简单流畅，造型颇为美观，"S"形的琴腿尤其特别，荣获过首届巴黎国际博览会金奖。

巴士克手摇钢琴，1899年制作于英国伦敦。此琴的音箱里有一个大圆筒，里面装着布钉，一个布钉一个音，摇动圆筒就能发声。

罗尼西钢琴，三只脚，1902年制作于德国。罗西尼是皇室御用钢琴师，他的技术高超，制作精细，选用桃花心木作料，琴声清脆。琴上有三枚宫廷勋章，这是罗尼西钢琴最重要的标志。

贝克斯坦钢琴，1906年制作于德国柏林，音色十分柔和，李斯特、布洛、傅聪等音乐家都很喜爱。

双键盘钢琴，也称羽管键琴，1906年制作于德国慕尼黑，出自钢琴制作大师舒南之手。其发音装置与一般钢琴不同，钢琴都有琴键用琴槌击弦发音，而这台琴只有一个钩拨，与古筝、竖琴一样，以拨弦发音。它里面有4套琴弦，8个踏板，2层琴键，黑白琴键颠倒，别具一格。

……

可见，钢琴内在结构的发展和完善，对钢琴愉悦风格的形成，有重大的影响。作曲家们为了使艺术表现迈向更高层次，不断向钢琴制作家们提出新的要求；制作师们做出性能更好的钢琴，又为演奏家们提供了更广阔的表现空间。就这样，促使钢琴的制作不断进步、发展和提高。

展室后部，建了一条"钢琴长廊"，这是胡友义先生的创意。长廊宽1.7米，长31米，由高向低、蜿蜒错落地布置了11间琴室，透过玻璃幕墙和圆窗，可以清晰地看到室内的钢琴、古灯、油画和其他物品，它展示了各国不同风格的琴室装饰艺术。根据长廊琴室的特点，这里选放立式钢琴；根据钢琴的制作年代，选

许斐平琴室

配其同时代的琴椅、烛台、名画、座钟、乐器等。例如"法国琴室"，展出了萧邦最钟爱的埃拉钢琴、法国路易十六时期精美的金铸座钟、油画、琴椅和古烛台，充满法国的浪漫情调。"澳大利亚琴室"，将澳大利亚钢琴家麦金·泰斯的琴室，原封不动地搬了过来，他生前在家中弹奏的钢琴，他的黑白肖像、座钟，1924 年英国伦敦音乐学院授予他的"演奏家文凭"。长廊设置了一间"许斐平纪念室"，钢琴、挂钟、古典家具，全都从许家搬来。钢琴上的节拍器，是 50 年前胡友义先生送给许斐平辅助练琴用的。墙上的挂钟，定格在许斐平逝世时的（2001 年 11 月 27 日）10 点 47 分。琴室里还不时播放许斐平生前灌制的钢琴 CD。

走过钢琴长廊，可以领略到各国琴室的不同风格：中国的古朴，法国的浪漫，英国的庄严，德国的严谨，澳大利亚的粗放……

3.鼓浪屿风琴博物馆

从 2003 年起，胡友义先生又在厦门市政府的支持下着手筹建鼓浪屿风琴博物馆。

风琴是世界上最古老的键盘乐器，其种类、形式、外观以及无与伦比的音响变化，让它成为真正意义上的乐器之王。管风琴是世界上有史以来体积和重量最大的乐器，构造复杂，音域宽广，气势雄伟磅礴，气氛庄严肃穆，丰富的和声如同一支管弦乐队，能激发人类对音乐产生敬畏之心；它融入了雕塑、建筑、机械、音乐等艺术，是西方文明的结晶。钢琴博物馆建成后，胡友义先生萌生再建风琴博物馆与钢琴博物馆琴瑟和鸣之意。他拿出了自己收藏的上百台风琴、管风琴、簧片风琴、手风琴、口风琴。他说："我将尽毕生的力量，将鼓浪屿风琴博物馆建成世界上最大、最出色的风琴博物馆！管风琴是西方最崇高而神圣的乐器，我希望全世界爱好音乐的人们，都带着朝圣的心，来到我的家乡鼓浪屿，欣赏她无与伦比的美丽！"同时，他又考虑到："管风琴的高大，总是让参观者必须高昂着头。我则希望不要让它们高高在上，而让它们与参观者亲近相处，人们甚至可以用手触摸它们。"所以，该博物馆不仅有精彩的现场讲解，还有定时演示，亲和力十足。

厦门市人民政府将鼓浪屿最突出的标志性建筑物八卦楼，作为鼓浪屿风琴博物馆馆址，鼓浪屿—万石山风景名胜区管理委员会则围绕八卦楼，建设一座风琴博物馆公园。它西起三丘田码头，东至鼓浪屿航海俱乐部，以八卦楼为主体，占地面积4万多平方米。其中的风琴博物馆新馆，由美国KLP建筑设计公司设计，用地2600多平方米，建筑面积2500平方米。新馆若隐若现于茂密的丛林之间，与公园环境和谐共处，与老建筑物互相辉映，以增加艺术的灵气。

目前的馆藏品已经相当丰富，计有70多台（支），其中管风琴5台，簧片风琴40台，手风琴6台，口琴17支，藏品来自英国、美国、德国、澳大利亚、意大利、法国等国家。

40台簧片风琴。簧片风琴有两层键盘，一个脚踏板，上部装置音栓，模仿各种乐器的声音。一般都配上一面镜子，作为装饰之用。其中"亚历山大"簧片风琴于1882年在法国巴黎制作，是法国著名簧片风琴制造商亚历山大的杰作。它的外形酷似梳妆台，上部镶嵌着镜子，下部是两开门的柜子，柜里有风琴的键盘、音栓和踏板。琴身两旁立着两条龙，配以狮子、竹子、菊花等雕刻，具有浓郁的"中国味"，但龙的眼睛则有欧洲人的特征和神韵。

17 支口风琴。其中 3 支微型口风琴，长度不及 5 厘米，宽度不到 2 厘米，是德国著名口风琴制造商"霍纳"20 世纪初的作品，创下世界最小口风琴的纪录。

此外还有小巧玲珑的手提风琴、"风神之意"自动风琴等。下面，我们重点介绍 5 台巨型管风琴。

麦肯西·利德管风琴，1872 年英国麦肯西·利德公司制造，高达 10 米，音管 2800 根，最长音管 6 米。为了让游人们聆听它美妙的声音，管风琴工程师们为它添加了价值百万元的电脑控制自动定时演奏装置。

多德管风琴，1890 年在澳大利亚制作。

诺曼·比尔管风琴，1909 年英国诺曼·比尔管风琴公司制造。此琴高 6 米，重 3 吨，3 层键盘，32 个音栓，1250 根音管，其中最长 5 米，最短 3 厘米。音管和零部件由松木、橡木、锌、铅、锡合金制成。虽然已经百年高龄，但依然音响完美，声音宏大，音色抒情，富有诗意，迄今尚未有过任何改装或更换零部件，说明其质地优良，演奏时既可使用电力鼓风，也可使用手工鼓风。2005年 1 月，这台琴在八卦楼安装调试完工，举行了 3 场新年管风琴音乐会，澳大利亚管风琴演奏家瑞思·博克夫妇给人们带来了全新的音乐感受。

凯斯文特管风琴，1917 年制造，高 13 米，长 12.5 米，重 35吨，音管 7451 根，音栓 133 个（北京国家大剧院管风琴，共有6500 根音管，80 个音栓，此前拥有"全国最大管风琴"的头衔），曾是北美州最大的管风琴，原置放在美国波士顿伊玛教堂。制造商克纳迪亚风琴公司，有数百年制琴历史，也是当今世界上第二大风琴制造商。此琴是世界上极为罕见的混合法兰西风格和英格兰风格的管风琴，音管分为两个部分，一部分是制造于1890年的英国音管，另一部分是1917年法国在加拿大的克纳迪亚风琴厂制造的法国音管。之所以如此，是因为波士顿伊玛教堂，早先有一台英国产管风琴，应教堂要求，克纳迪亚公司著名的制琴大师凯斯文特兄弟，使用旧管风琴的英国产音管，再配上法国产的新音管，制造出"混合血统"的管风琴。音管的金属配比得当，音栓由当时享誉世界的加拿大管风琴演奏家林伍德亲自设计，音响效果极富交响乐的层次感，音色柔和，驾驭自如，既能够演绎浪漫抒情风格，也能展示恢宏磅礴气势，表现力极佳。外框的橡木图案由法国艺术家手工雕刻而成，装饰花纹细腻典雅，圣徒歌唱的形象栩栩如生。

爵士自动管风琴，20世纪50年代由荷兰人制作。此琴高3米，长4米，结构奇特，正面如同一个敞开式乐器柜，错落有致地摆着萨克斯管、小号、架子鼓、锣、钹、手风琴、长笛等10几种乐器；后面是一台电子风琴和诸多风管，一侧有一叠厚厚的半月形曲谱——由人工在厚纸上打出无数形状各异的孔洞，用音管连接到电子风琴。插上电源之后，鼓风机就往孔洞输风，气体在音管内振动，电子风琴受风之后开始自动演奏，多种乐器组合发声，可以演奏10几首曼妙的曲子，简直就是一支爵士乐队。胡友义先生说："这是一台绝世管风琴，它的工艺技术达到机械自动风琴制造的顶峰。"

鼓浪屿钢琴博物馆和风琴博物馆，双璧齐辉，入内参观，如同阅读着一部活生生的世界钢琴、风琴发展史！

2004年9月3日，江泽民主席在参观鼓浪屿钢琴博物馆时，欣然为"鼓浪屿风琴博物馆"题写了馆名。

这两个博物馆，还得到原中共中央政治局常委、国务院副总理李岚清的高度赞扬。他在《首次弹奏大型管风琴》一文中写道："我来到博物馆，看到博物馆主人多年从全世界收集来的各式各样的古董钢琴，可谓大饱眼福。馆中有两台钢琴特别引起我的兴趣。一台是可以人、机合奏的古董钢琴……另一台是用程序打孔纸带操纵的自动弹奏的古董钢琴……""2005年，我又一次来到这里。鼓浪屿钢琴博物馆又扩建了，还增加了一个风琴博物馆。我对新增加的古董钢琴很感兴趣，如莫扎特时代的古钢琴，它使我首次了解到古钢琴和近现代钢琴结构的不同，以及音色和音量等方面的区别。特别令我感兴趣的是风琴博物馆。……展出的是结构各异、大小不一、各式各样的古董风琴，许多是我从未见过的，也让我增长了见识。特别值得一提的是，博物馆展出了一台在教堂和音乐厅使用的很大的管风琴。这种大管风琴过去虽然见过，但从未了解它的结构和发音原理，这次我总算有机会见识一下了。……了解大管风琴的结构和发音原理，我的好奇心大大地得到满足。"李岚清先生还即兴用大管风琴弹奏了德国音乐大师瓦格纳的《婚礼进行曲》，这成了他的"首演"。(见其所著《中国近现代音乐笔谈》中的《江文也篇·札记》)

为了让游客经常有机会欣赏管风琴的演奏，博物馆除了定期举办音乐会以外，还特地培训了管风琴演奏员。2007年毕业于厦门大学音乐系、主修钢琴专业的鼓浪屿姑娘方思特，曾在鼓浪屿钢琴博物馆任演奏员兼讲解员，她接触管风琴后，便悉心琢磨管风琴的演奏技巧。2009年8月，经胡友义先生推荐，她到澳大利亚墨尔本圣麦克大教堂，师从管风琴演奏家瑞思·博克。经过3个月进修，接触了各类型管风琴，学习弹奏不同风格的曲目。这使方思特正式成为一名管风琴演奏员。现在，她每天都与另一位演奏员轮流为游客们演奏管风琴曲目，让游客们听到"乐器之王"的美妙琴音，领略其无穷魅力。

4. 鼓浪屿乐器博物馆

鼓浪屿乐器博物馆于 2007 年 4 月 1 日正式启动。全馆用地面积 1.5 万平方米，建筑面积 6000 多平方米，将收藏和展示全世界 50 多个国家和地区的 1200 多种特色乐器 10000 多件。乐器博物馆通过世界各地乐器的陈列，展现世界各民族各具魅力的音乐文化，成为集国际性、艺术性、观赏性、趣味性、参与性为一体的现代化、高品位活态博物馆。博物馆包括展厅、演奏厅、鼓浪屿艺术家生平展览馆等，并依山就势建设一座阶梯状的露天剧场，作为室外演奏区。博物馆将邀请各国音乐家或有关专家，来管理各自国家的乐器，并进行表演，让游人在参观的同时，欣赏各种特色乐器的演奏。

博物馆展厅分为：

世界乐器厅——印尼甘美兰厅、鼓世界、印度—阿拉伯乐器厅、朝鲜—日本乐器厅、非洲乐器厅、美洲乐器厅、大洋洲乐器厅、欧洲乐器厅、南音乐器厅。

友城乐器厅——厦门市 14 个国际友好城市捐赠的代表性乐器。

专题乐器厅——编悬乐器厅、编管乐器厅、琴弦的历史、乐器发展中的名人。

2007 年初，鼓浪屿乐器博物馆正在筹备之际，对博物馆的定位、乐器来源等，进行过探讨。4 月间，中共福建省委常委、厦门市委书记何立峰访问澳大利亚马卢奇郡，突然迸发灵感——把厦门市国际友城的特色乐器收集起来，进行陈列，不仅能丰富这座乐器"大观园"的馆藏、打造鼓浪屿又一张亮丽的艺术名片，而且为厦门与友城之间的往来交流，又搭起一座新的桥梁，成为厦门与友城深厚情谊的美好见证，又展示了开放厦门对外交流的成果。何立峰的想法，得到马卢奇郡郡长乔·那托利先生的积极回应，他当即表示，要把家传宝贝、珍藏了 80 多年的迪吉里杜管，赠送给厦门。不久，郡长专程委托朋友，把这件"传家宝"送到了厦门。郡长说："当我们的市民到了厦门，看到家乡的乐器时，就会想起我们与厦门的友谊！"当时的报刊以这样的大字标题，报道了这件趣事："市委书记出访友城擦出灵感火花"、"澳洲郡长家传乐器义赠厦门"。

在澳大利亚的胡友义先生，听到家乡要办乐器博物馆，当即找出一支 16 世纪法国造的小提琴，委托何立峰一行带回厦门。

2007 年 4 月，厦门市就征集特色乐器一事，正式致函各个国际友好城市和友好交流城市。在收到厦门市的信函之后，各个友城热情高涨。为了送出当地的"最爱"，许多友城政府向市民发出征集通告，希望市民广出主意，看看送什么乐器最能代表当地特色，因为，乐器代表一个国家或一座城市的文化特征。目前，已经到馆的乐器有：

印尼传统乐器甘美兰，由泗水市赠送。这套乐器主要由铜片琴、铜排琴、罐锣、编锣、大悬锣等青铜打击乐器组成，共 12 件，总重量 250 公斤。甘美兰是世界各国民族音乐学家研究东方音乐的热点。其每种乐器都有两种不同的音阶，与现代音阶大不相同，富有特色。

菲律宾宿务吉他和班卓琴，均为宿雾市赠送。菲律宾宿务吉他为 4 弦乐器，取材于木菠萝树，是宿务人最喜爱的一种乐器，也是宿雾市出口量最大的乐器。班卓琴是 12 弦琴乐器，其主体取材于桃花心木，采用山羊皮蒙鼓，音色优雅动听。这把琴是宿雾市政府和宿务菲华各界联合会为捐赠给鼓浪屿乐器博物馆而专门定做的。菲律宾后来又赠送了一把"库铃铛"，其形状十分奇特，在精致的外壳上，镶嵌着 8 个从大到小的铜铃。

日本冲绳三线（三弦琴），由冲绳县宜野湾市赠送。中国传统乐器三弦传到琉球王国（今冲绳县），催生了早期冲绳"三线"，之后传到日本本土，逐渐成型。早期的冲绳三线，后来又受到日本本土"三味线"的影响，改良成现在的冲绳三线，琴身比日本本土三味线略小，采用黑檀涂漆琴杆和印尼的蛇皮，使用水牛角做成小拨子弹奏。此琴广泛流传于冲绳县诸岛。

泰国乐器 12 件，包括象脚鼓 6 把，高音木琴 1 座，镲 1 对，铙 1 对，拍板 1 对，锰 1 个，泰国鼓 1 个。

新西兰惠灵顿市赠送用鼻子吹奏的毛利长笛 1 支，海螺乐器 1 支。

韩国平泽市长鼓 1 件，锣 1 面。

美国巴尔的摩市赠送"猎狐号"(猎狐遇险时，求救吹响的乐器) 1 把。

参观鼓浪屿乐器博物馆，如同阅读着一部彩色的世界各民族音乐风情史！

第九章

展望未来

鼓浪屿音乐发展到现在，成就是有目共睹的；为国家和世界输送了大批音乐人才，贡献是巨大的。但是，凡事要一分为二，我们更应该看到自己的不足，力争更好的发展前景。我看到一个普遍现象：半个多世纪以来，鼓浪屿音乐家走了一条几乎相同的道路。他们从鼓浪屿起步、出发，到上海或北京学习、深造，再往美国或欧洲留学、从艺，在那里定居，然后安排短期回国演出、讲学。其中少数在大陆或港澳执教、从艺和发展。这大概是西洋音乐的性质和特点所使然，但也留下值得我们深思乃至反思之处：在音乐领域，我们怎样培养人才、留住人才、吸引人才，让他们人尽其才，才尽其用？为此，笔者提出几点设想性的建议。

1. 将鼓浪屿建成艺术教育之岛

我们要正视鼓浪屿的历史局限、地理局限、人文局限，以大视野、宽胸怀、新理念，将鼓浪屿建成艺术教育之岛。弹丸小岛，集中力量办好现有的艺术院校，厦门大学、集美大学的艺术学院可以在岛上建立分院或研究机构、创作基地。利用一部分原有的风貌建筑，作为全国乃至各国作家、艺术家的创作、研究基地，设立琴室、画室、设计室、创作室、艺术工作室，出版艺术刊物。定期举办音乐节、艺术节、书法节、雕塑节、诗歌节、曲艺节、话剧节、园艺节和各种艺术论坛，逐步成为品牌。这种艺术教育之岛，是文化创意之岛，在中国具有唯一性，全世界也不多见，也是不可多得的旅游资源，具有丰富的文化内涵，高雅的艺术层次，一定的科技含量。

明代医学家张景岳在《类经附翼·律原》中指出，音乐中的"十二律之神物，可通天地而合神明"，即音乐可以通过心理效应而产生养生康复的作用。现代医学研究表明，音乐的速度、旋律、节奏可以产生调节生命节律的作用，影响人的生理活动，特别是情绪活动。所以，我们应当用音乐来改善和调剂人体的生理和心理功能，增进身体健康。鼓浪屿的综合环境，完全可以成为音乐健康中心、艺术养生基地，这是更高层次的休闲度假旅游。

2. 培养全面发展的艺术家

2002年举行第一届鼓浪屿钢琴艺术节的时候，评委之一的著名钢琴家石叔城一针见血地指出："从本届大赛来看，钢琴演奏选手有些过于看重技巧，存在一定的片面性，忽略了音乐本身带给人们的享受。我希望有更多的音乐家出现，而不是技巧专家。"回味这段话，我们领悟到，先做"人"，后做"家"，道德品质永远是第一位的；而"科学和艺术是不可分割的。……艺术与科学事实上是一个硬币的两面"。（李政道语）作家、艺术家均必须掌握科学的基本知识，具有文化艺术素养，将技术、艺术和学术结合起来，既有形象思维能力，又有逻辑思维能力，不能做没有文化素养、没有丰富想象力的"明星"。在鼓浪屿的艺术院校，应当把整个鼓浪屿作为课堂，把在鼓浪屿出生的、工作的、生活过、学习过的名人，作为榜样，把他们的著作和实践作为教材。立足鼓浪屿，胸怀全世界。

3. 注重文艺批评

对鼓浪屿的各种艺术创作和艺术活动，要进行总结，既要肯定成绩，更要发现缺点、错误、敢说真话，不要一味地表扬与自我表扬，或专讲客套话；而要坚持批评与自我批评，具有针对性、指导性。在文艺批评的基础上，建立理论架构。开展文艺批评，可以在各种媒体和网络上，也可以在研讨会、论坛、文艺沙龙上，甚至在一场演出、一场音乐会之后，在家庭音乐会之间。各种音乐会，提倡"郑小瑛模式"，提倡听众与指挥家、歌唱家、演奏家、作曲家直接对话的互动模式。通过文艺批评，持续开发智力，提高情商，增强应变能力、抵御困难能力。贯彻"百家争鸣，百花齐放"的方针，遵循陈云同志提倡的"不唯上，不唯书，只唯实"的方针，坚持"实践是检验真理的唯一标准"的原则，造成生动活拨、人人心情舒畅的艺术氛围和政治局面。

一个地区，一项事业，乃至一个国家，一个民族，其发展腾飞必须依靠科技创新和文化创意两翼，缺一不可。发展鼓浪屿的音乐艺术事业，亦是如此，思路决定出路，态度决定高度，视野决定事业。今后必须大兴调查研究之风，大兴开拓创新之风。育才、引才、容才、用才，都必须有胆略、气度和胸怀，对多元化、复合型人才，对领军型创业人才，尤其要刻意培养、大胆引进、尽心爱护，使鼓浪屿音乐艺术，既有好演出，又有好评论，更有好作品。持续完善引进—吸收—成长—创新机制，强化创作—演出—评论—研究环节，技术—艺术—学术三结合，创意—创新—创业三并进，生活—生产—生态三和谐，经济效益、社会效益、环境效益三统一，才能提升高度，开挖深度，扩展广度，加强力度，使"音乐之岛"名副其实，内涵丰富，不断超越自我，留下传世之作。

鼓浪屿，要真正成为音乐之岛、艺术之岛、教育之岛、创意之岛、休闲度假之岛！

第十章

附 记

　　本书是一本通俗性小册子，限于篇幅，仅能就鼓浪屿西洋音乐的概况作一些简介。在近现代时期，鼓浪屿乐坛发生了许多事件，出现了众多人物，但只能就其大者、要者作些论述。如音乐名人，大概有上百人，只能选择在国际上有较大影响的人，并且必须与鼓浪屿有密切关系者，如或出生、或学习、或工作、或生活于鼓浪屿，并对鼓浪屿音乐事业有重大贡献者；音乐家庭，先后也有近百家，只能选择知名度、出场率较高者。这就难免挂一漏万、有所偏颇了，只能敬请专家、读者批评指正，提供资料，以期将来修改充实。

　　本书主要参考及引用书目、资料：

　　1.鼓浪屿文史资料（第1—10辑）　政协鼓浪屿区委员会编

　　2.厦门文史资料（第1—23辑）　厦门市政协文史和学习宣传委员会编

　　3.厦门市志（第4册）　厦门市地方志编纂委员会编　方志出版社2004年1月出版

　　4.厦门文化艺术志　厦门文化艺术志编纂委员会编　厦门大学出版社1999年7月出版

　　5.厦门音乐名家　彭一万著　中国人民政治协商会议福建省厦门市委员会编　厦门大学出版社2007年3月出版

　　6.西方音乐史　叶松荣主编　高等教育出版社2003年8月出版

7. 西方音乐史简编 沈旋 谷文娴 陶辛合著 上海音乐出版社 2006 年 11 月出版

8. 中国近现代音乐史 汪毓和编著 人民音乐出版社 华乐出版社 2008 年 8 月出版

9. 中国近现代音乐史简编 夏滟洲著 上海音乐出版社 2005 年 8 月出版

10. 明清间的中西文化交流 陶亚兵著 东方出版社 2001 年 8 月出版

11. 基督教对文明的影响 [美]阿尔文·施密特著 汪晓丹 赵巍译 北京大学出版社 2008 年 5 月出版

12. 基督宗教与中国文化 罗明嘉 黄保罗主编 中国社会科学出版社 2004 年 11 月出版

13. 基督宗教研究（第 2 辑） 卓新平 许志伟主编 社会科学文献出版社 2000 年 10 月出版

14. 基督教文化评论（第 4、5 辑） 刘小枫 何光沪主编 贵州人民出版社 1994 年 4 月、1997 年 4 月出版

15. 基督宗教音乐史 陈小鲁著 宗教文化出版社 2006 年 2 月出版

16. 基督教与中国近代中等教育 尹文涓编 上海人民出版社 2007 年 7 月出版

17. 传教士与近代中国 顾长声著 上海世纪出版集团 上海人民出版社 2004 年 7 月出版

18. 台湾基督教史 林金水主编 九州出版社 2003 年 7 月出版

19. 福建教育史 刘海峰 庄明水著 福建人民出版社 1996 年 10 月出版

20. 闽南圣诗 叶志明主编 厦门市基督教协会 2007 年 7 月修订出版

21.台湾音乐辞典 薛宗明著 台湾商务印书馆2003年11月出版

22.音乐欣赏 卢广瑞主编 清华大学出版社2007年10月出版

23.当代圣乐与崇拜 〔美〕赫士德著 谢林芳兰译 台湾校园书房出版社2002年5月出版

24.中国近现代音乐笔谈 李岚清著 高等教育出版社2009年3月出版

25.《厦门日报》、《厦门晚报》、《厦门商报》、《海峡导报》、《福建日报》的音乐报道

本书在写作过程中，承蒙郑小瑛、黄猷、杨扬、洪永宏、吴培文、庄德昆、何丙仲、卢广瑞、蓝金钟、陈以平、陈美满、蒿志强、沈道香、李文芳、章岚、吕韶风等师友及厦门市社科联、厦门市社会科学院、厦门市音乐家协会及其主席团各位音乐家热情指教、提供资料或译稿，厦门大学出版社认真编辑、把关，特此致谢。

2010年1月17日于鹭江天风阁

图书在版编目(CIP)数据

鼓浪屿音乐/彭一万著. —厦门:厦门大学出版社,2010.2
(厦门社科丛书·鼓浪屿历史文化系列)
ISBN 978-7-5615-3362-8

Ⅰ.鼓… Ⅱ.彭… Ⅲ.①音乐教育-概况-厦门市②音乐家-生平
事迹-厦门市 Ⅳ.J6-4 K825.76

中国版本图书馆 CIP 数据核字(2009)第 229882 号

厦门大学出版社出版发行
(地址:厦门市软件园二期望海路 39 号 邮编:361008)
http://www.xmupress.com
xmup @ public. xm. fj. cn
厦门集大印刷厂印刷
(地址:厦门市集美石鼓路 9 号 邮编:361021)
2010 年 2 月第 1 版 2010 年 2 月第 1 次印刷
开本:889×1194 1/32 印张:5.5 插页:2
字数:168 千字
定价:180.00 元(全套 10 册)
本书如有印装质量问题请直接寄承印厂调换